밴쿠버와 브로튼의
북태평양 항해기
1791~1795

조지 밴쿠버 · 윌리엄 로버트 브로튼 지음

김낙현 · 노종진 · 류미림 · 이성화 · 홍옥숙 옮김

A narrative or journal of a voyage of discovery to the North Pacific Ocean,
and round the world, performed
in the years 1791, 1792, 1793, 1794 and 1795

KM 경문사

밴쿠버와 브로튼의
북태평양 항해기
1791~1795

지은이	조지 밴쿠버 · 윌리엄 로버트 브로튼
옮긴이	노종진 · 류미림 · 이성화 · 홍옥숙
	김낙현†

† 이 역서는 2021년 대한민국 교육부와 한국연구재단의 지원을 받아 수행된 연구임 (NRF-2021S1A5B5A 16078468).

펴낸이	조경희
펴낸곳	경문사
펴낸날	2021년 9월 30일 1판 1쇄
등 록	1979년 11월 9일 제1979-000023호
주 소	04057, 서울특별시 마포구 와우산로 174
전 화	(02)332-2004 팩스 (02)336-5193
이메일	kyungmoon@kyungmoon.com

값 11,000원

ISBN 979-11-6073-477-5

서문

 우리가 『북태평양과 세계로의 발견의 항해 이야기 혹은 일기』 *A narrative or journal of a voyage of discovery to the North Pacific Ocean and round the world, Performed in the years 1791, 1792, 1793, 1794 and 1795.* (1802)에 관심을 갖게 된 첫 번째 이유는 항해의 중심인물 중의 하나인 윌리엄 로버트 브로튼이 1797년 조선을 최초로 방문한 영국인이라는 사실 때문이다. 조선 해역과 아시아 지역의 태평양을 탐사한 브로튼의 면모를 확인할 수 있는 첫 번째 항해가 바로 브로튼이 디스커버리호의 조지 밴쿠버를 보좌하여 채텀호를 지휘했던 북태평양 탐사였다.

 그뿐 아니라 밴쿠버와 브로튼이 탐사했던 지역이 오늘날의 대표적 영어권인 미국과 캐나다에 해당한다는 점도 책의 선택에 큰 작용을 했다. 우리에게 익숙한 이 지역의 많은 지명이 탐사대에 의해 영어로 지어졌다는 사실은 여러 가지 감정을 자아낸다. 원주민이 간직하고 부르던 이름 대신 영국 해군의 주요 인물이나 탐사대원의 이름을 따라 새롭게 붙여진 지명들은 영국의 제국주의적 야망을 여실히 드러내는 흔적이며, 탐사 이후에 일어난 지역의 변화를 예견해준다. 19세기 서구의 제국주의와 식민주의는 그 전 세기의 탐사 항해로부터 비롯되었으며, 아시아, 아프리카, 아메리카의 많은 지역이 영국을 비롯한 서구인의 침략과 지배로 고통 받았다는 사실을 생각한다면 이를 가볍게 받아들일 수는 없을 것이다. 하지만 고국을 떠나 몇 년간을 바다 위에서 또는 낯선 땅에서 고생을 겪었고 심지어는 죽음을 맞이했던 탐사대원의 이름이 이렇게 지명으로나마 남게 되었으니, 그 지명은 항해에 목숨을 내걸었던 대원 개개인에게 바쳐진 헌사로 여겨지기도 한다.

우리가 연을 맺어온 한국해양대학교 영어영문학과는 올해 글로벌해양인문학부 해양영어영문학전공으로 명칭을 변경하였다. 기존의 교과과정에도 다양한 해양·해사 문제에 대한 관심을 담아왔지만, 그간의 성과를 반영하고 새로운 전공에 대한 각오를 다지기 위해 18~19세기의 탐사 항해기에 주목하고 그 번역을 기획하였다. 그 첫 번째 성과물로 『밴쿠버와 브로튼의 북태평양 항해기 1791-1795』를 선보이게 되었다. 각자가 맡은 분량을 번역하는 일보다 여러 번의 교정과 윤문과 함께, 책의 얼개를 만들어가는 과정에 더 많은 시간을 들였고, 그림과 해도, 연표와 주해를 곁들여 부족한 번역을 보완하였다. 아직은 미진한 점이 많으리라 생각된다. 다음에는 더 가다듬은 번역을 기대하면서, 본 텍스트 번역을 제안했던 장세은 교수와 기꺼이 출판을 맡아준 경문사에 고마움을 전한다. 이 책이 밴쿠버와 브로튼의 탐사 항해를 제대로 이해하고, 항해기와 항해를 포함한 해양서사에 대한 독자의 관심을 촉진하는 계기가 되기 바란다.

2021년 8월

차 례

- 서문 / 3
- 삽화 목록 / 8
- 일러두기 / 10

제 1 장 영국을 떠나 사이먼즈베이*까지 / 23

    1.1 항해의 목적 / 24

    1.2 출항 준비 / 25

    1.3 카나리아제도 기항 / 25

    1.4 사이먼즈베이 기항과 전염병 발생 / 29

    1.5 사이먼즈베이 출항 / 31

제 2 장 뉴홀랜드* 탐사 / 33

    2.1 인도양 항해 / 34

    2.2 오스트레일리아 해안 도착 / 35

    2.3 지질과 동식물 조사 / 41

---

* 사이먼즈베이: 현재의 케이프타운

* 뉴홀랜드: 현재의 오스트레일리아

제 3 장　뉴질랜드 탐사 / 47

    3.1　뉴질랜드 해안 관측 / 48
    3.2　앵커아일랜드만과 파실만 / 51
    3.3　뉴질랜드 근처의 섬들 / 53

제 4 장　오타헤이트* 방문 / 57

    4.1　채텀호의 단독 탐사 항해 / 58
    4.2　옛 친구 포마레와 오투 왕을 만남 / 62
    4.3　마호우의 장례식 / 65
    4.4　원주민의 절도와 감시 방안 / 67

제 5 장　첫 번째 샌드위치제도* 방문 / 69

    5.1　원주민 타레후아 / 70
    5.2　물 수급 / 72
    5.3　아토와이섬의 영국인들 / 75
    5.4　해파리 관찰 / 78

제 6 장　아메리카 북서해안 탐사 / 81

    6.1　뉴앨비언 탐사 / 82
    6.2　뉴조지아 선포 / 89
    6.3　누트카와 밴쿠버섬 주변 탐사 / 91

---

* 오타헤이트: 현재의 타히티
* 샌드위치제도: 현재의 하와이제도

6.4 스페인 해군선과의 조우 / 94
6.5 디스커버리호 좌초 / 99

제 7 장 누트카 회담과 미션 방문 / 103

7.1 밴쿠버 함장과 콰드라 사령관 간의 회담 / 104
7.2 산프란체스코 미션 방문 / 108
7.3 산클라라 미션 방문 / 113
7.4 산카를로스 미션 방문 / 116

제 8 장 두 번째 샌드위치제도 방문과 원주민 처형 / 119

8.1 디덜러스호의 참극 / 120
8.2 재판 과정 / 122
8.3 범죄자의 처형 / 127

제 9 장 세 번째 샌드위치제도 방문 / 131

9.1 브로튼 중위의 중도 귀환과 1793년 탐사의 종료 / 132
9.2 오와이히섬의 양도 / 134

제10장 북서항로 발견을 위한 알래스카 탐사와 영국 귀환 / 137

10.1 북서항로 발견을 위한 쿡만 탐사 / 138
10.2 영국 귀환 / 144

- 해설 / 147
- 참고문헌 / 159

삽화 목록

[사진 1] 『북태평양과 세계로의 발견의 항해 이야기 혹은 일기』의 표지

[그림 1] 밴쿠버와 브로튼의 세계 일주 항로, 1791~1795
[그림 2] 조지 밴쿠버의 초상화
[그림 3] 윌리엄 로버트 브로튼의 초상화
[그림 4] 국왕 조지 3세 사운드에 있는 버려진 원주민 마을
[그림 5] 조지아만과 포트 타운센드 해안에 세워진 4개의 장대
[그림 6] 애드미럴티만 남쪽에서 바라본 레이니어산
[그림 7] 뷰트수도 입구의 우호적인 인디언 마을
[그림 8] 퀸샬럿 사운드의 암초에 좌초된 디스커버리호
[그림 9] 누트카 사운드의 프렌들리만
[그림 10] 몬테레이강 근처에 있는 특이한 모습의 산
[그림 11] 몬테레이 요새
[그림 12] 몬테레이 근처의 산카를로스 미션
[그림 13] 허게스트제도
[그림 14] 세 야만인의 처형
[그림 15] 오와이히섬 워로레이산 정상의 분화구
[그림 16] 쿡만 근처의 포트 딕
[그림 17] 칠레 해안의 발파라이소

[지도 1] 밴쿠버와 브로튼의 탐사지역
[지도 2] 영국 팰머스에서 희망봉까지
[지도 3] 이클립스제도 일대
[지도 4] 파실만과 앵커아일랜드만 일대

[지도 5] 오파로섬과 오타헤이트
[지도 6] 샌드위치제도
[지도 7] 뉴앨비언 일대
[지도 8] 후안 데 푸카해협 일대
[지도 9] 퓨젯 사운드 일대
[지도 10] 밴쿠버 일대
[지도 11] 누트카 사운드와 퀸샬럿 사운드 일대
[지도 12] 밴쿠버 일행이 방문한 미션들
[지도 13] 알래스카 일대
[지도 14] 영국으로 귀항

[표 1] 밴쿠버와 브로튼의 세계 일주 항해 연표
[표 2] 조지 밴쿠버의 주요 연표
[표 3] 윌리엄 로버트 브로튼의 주요 연표
[표 4] 디스커버리호 정원
[표 5] 디스커버리호 제원
[표 6] 채텀호 정원
[표 7] 채텀호 제원

일러두기

- 이 책은 조지 밴쿠버·로버트 브로튼의 『북태평양과 세계로의 발견의 항해 이야기 혹은 일기』 *A narrative or journal of a voyage of discovery to the North Pacific Ocean, and round the world, performed in the years 1791, 1792, 1793, 1794 and 1795: by Capt. George Vancouver, and Lieutenant Broughton* (London: J. Lee, 1802)를 원문으로 하여 번역한 것이며, 한글 번역서의 제목은 『밴쿠버와 브로튼의 북태평양 항해기 1791-1795』로 바꾸었다.
  https://archive.org/details/cihm_18642/page/n7/mode/2up.
- 본문의 장, 절은 옮긴이들이 편의상 구분하고 제목을 붙였으며, 날짜는 1798년판 조지 밴쿠버의 『북태평양과 세계로의 발견의 항해』 *A voyage of discovery to the North Pacific ocean, and round the world* (London: G. G. and J. Robinson) 원문을 참고하여 기재하였다.
- 본문의 주해와 각주는 모두 옮긴이 주이다.
- 길이나 무게의 단위는 변환하지 않고 본문의 표기를 그대로 따랐다.
- 방위가 추가되지 않은 경도, 위도의 좌표는 본문의 표기를 그대로 따랐다.
- 지명 표기는 18세기 항해 당시의 관용 표현을 고려하여 옮겼다. (harbour, canal, port 등)
- 방위는 32방위표를 따랐으며, '북서 39°'는 북쪽을 기준으로 하여 나침반의 바늘이 서쪽으로 39° 움직인 방향을 가리킨다.
- 1798년판 조지 밴쿠버의 『북태평양과 세계로의 발견의 항해』와 대조하여 인명, 지명 등의 오류를 바로잡았다.
- 삽입한 그림은 1798년판 『북태평양과 세계로의 발견의 항해』와 1801년판 조지 밴쿠버의 『북태평양과 세계로의 발견의 항해』 *A voyage of discovery to the north Pacific Ocean, and round the world* (London: John Stockdale)에서 가져왔다.

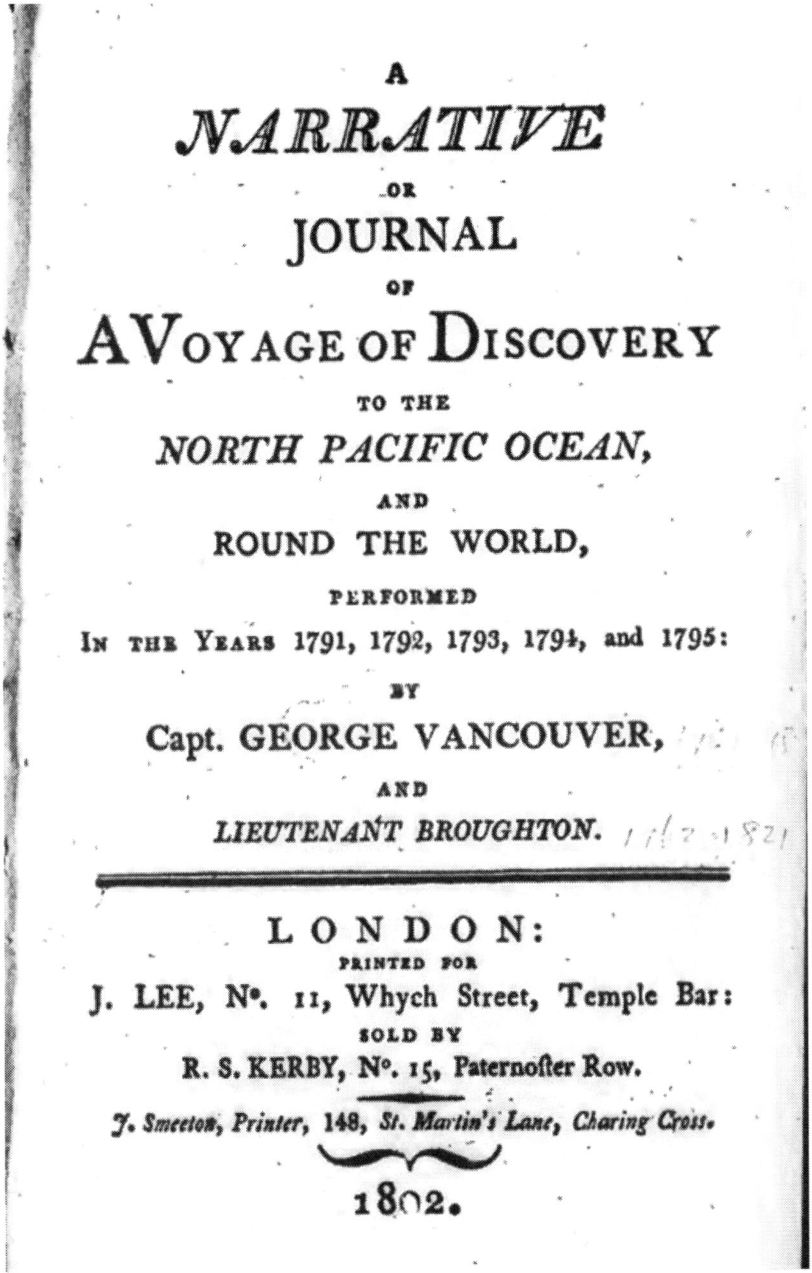

A
NARRATIVE
OR
JOURNAL
OF
A VOYAGE OF DISCOVERY
TO THE
NORTH PACIFIC OCEAN,
AND
ROUND THE WORLD,
PERFORMED
IN THE YEARS 1791, 1792, 1793, 1794, and 1795:
BY
Capt. GEORGE VANCOUVER,
AND
LIEUTENANT BROUGHTON.

LONDON:
PRINTED FOR
J. LEE, N°. 11, Whych Street, Temple Bar:
SOLD BY
R. S. KERBY, N°. 15, Paternoster Row.

J. Smeeton, *Printer*, 148, *St. Martin's Lane*, *Charing Cross*.

1802.

[사진 1] 『북태평양과 세계로의 발견의 항해 이야기 혹은 일기』의 표지

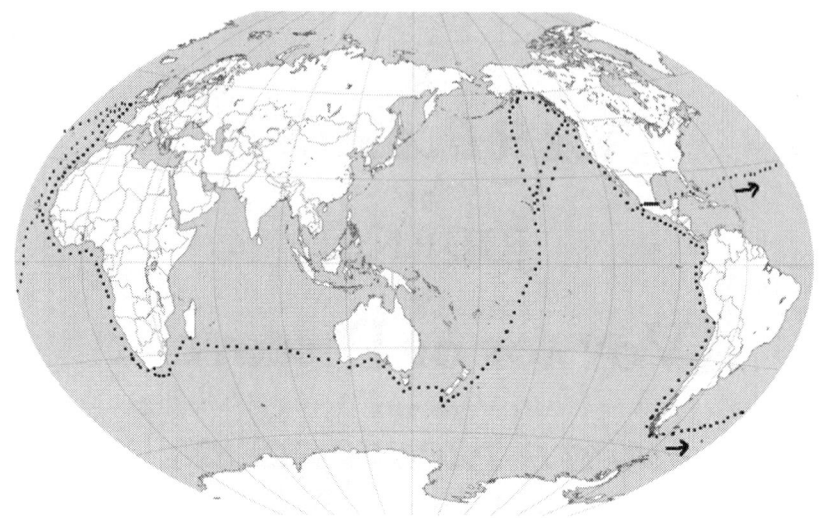

[그림 1] 밴쿠버와 브로튼의 세계 일주 항로, 1791~1795

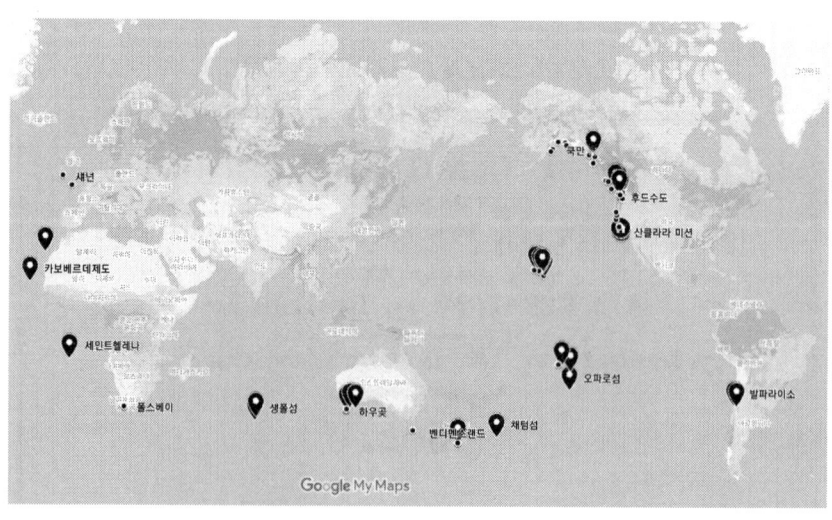

[지도 1] 밴쿠버와 브로튼의 탐사지역

[표 1] 밴쿠버와 브로튼의 세계 일주 항해 연표

1791. 4. 1.	디스커버리호와 채텀호, 영국 팰머스 출항
1791. 4. 28.	디스커버리호와 채텀호, 테네리페섬 산타크루즈 기항
1791. 5. 7.	디스커버리호와 채텀호, 테네리페섬 산타크루즈 출항
1791. 6. 6.	채텀호, 케이프타운 도착
1791. 6. 8.	디스커버리호, 케이프타운 도착, 식물채집
1791. 8. 17.	디스커버리호와 채텀호, 케이프타운 출항
1791. 9. 29.	디스커버리호와 채텀호, 뉴홀랜드(오스트레일리아) 도착, 해안선 탐사
1791. 10.	뉴홀랜드 탐사
1791. 11.	뉴질랜드 식물채집 및 재보급
1791. 12.	오타헤이트(타히티) 도착과 왕족과의 교류
1792. 2.	첫 번째 샌드위치제도 방문
1792. 4.	디스커버리호와 채텀호, 북미 대륙 연안 탐사 시작
1792. 6.	디스커버리호와 채텀호, 버치만 정박
1792. 6~7.	포인트 로버츠, 포인트 그레이, 버라드수도, 하우 사운드 등을 탐사
1792. 8.	디스커버리호, 퀸샬럿 사운드에서 좌초
1792. 8.	밴쿠버 함장, 디딜러스호 신원 실해 소식을 집함
1792. 8. 28.	밴쿠버 함장과 스페인의 콰드라 사령관의 누트카 회담
1792. 10.	채텀호, 컬럼비아강 탐사
1792. 11.	포인트 컨셉션 탐사
1793. 1~2.	디스커버리호, 하와이 북부 탐사; 채텀호, 하와이 남부 탐사
1793. 3.	두 번째 샌드위치제도 방문 및 브로튼 중위의 중도 귀환

1793. 5. 26.	디스커버리호와 채텀호, 피츠 휴 사운드 정박, 버크수도 탐사
1793. 6. 17.	독의 만과 홍합수도 탐사
1794. 2. 16.	세 번째 샌드위치제도 방문
1794. 2. 25.	타마마하왕, 오와이히섬을 영국 국왕에게 양도
1794. 3. 15.	오와이히섬 출항
1794. 4.	쿡만과 알래스카 탐사
1794. 5~8.	프린스 윌리엄 사운드 탐사
1794. 9. 1.	누트카 사운드 기항
1794. 11. 6.	몬테레이 기항
1794. 12. 2.	몬테레이 출항
1795. 1~3.	식량 수급차 갈라파고스제도, 후안 페르난데스제도, 칠레의 산티아고 기항
1795. 5. 5.	디스커버리호와 채텀호, 발파라이소 출항
1795. 7. 2.	디스커버리호, 세인트헬레나 기항
1795. 9.	디스커버리호, 아일랜드 섀넌 입항

조지 밴쿠버의 생애

[그림 2] 조지 밴쿠버의 초상화
출처: Wikimedia Commons

[표 2] 조지 밴쿠버의 주요 연표[1]

1757. 6. 22.	존 재스퍼 밴쿠버(John Jasper Vancouver)와 브리짓 버너스(Bridget Berners) 사이에서 출생
1771.	13세, 해군 입대
1772~1775.	14세~17세, 레졸루션(Resolution)호의 장교 후보생이 되어 제임스 쿡 함

---

1) Nicholas Tracy, *Who's Who in Nelson's Navy* (London: Chatham Publishing, 2006)에서 재구성했다.

	장(Captain James Cook)의 2차 세계 일주 탐사 항해에 동행하여 오스트레일리아 탐사
1776~1780.	18~22세, 디스커버리(Discovery)호에 승선, 제임스 쿡 함장의 3차 세계 일주 항해에 동행하고 하와이제도 방문
1780.	22세, 영국으로 귀환 이후, 마틴(Martin)호를 지휘하며 중위로 승진
1782. 5. 7.	24세, 페임(Fame)호에서 4등 중위로 근무
1790.	32세, 쿠라주(Courageux)호에서 1등 중위로 근무
1790. 12. 15.	33세, 디스커버리호 함장 및 지휘관이 됨
1791. 4.	디스커버리호와 수송선 채텀(Chatham)호로 북미대륙 탐사 항해 시작
1794.	36세, 북미 서해안 최북단의 쿡만(Cook Inlet) 탐사
1795. 9. 13.	37세, 영국으로 귀환
1798. 5. 10.	40세, 원인불명의 병으로 사망
1798.	『북태평양과 세계로의 발견의 항해』 총 3권 사후 출판
1801.	『북태평양과 세계로의 발견의 항해』 총 6권 사후 출판
1802.	『북태평양과 세계로의 발견의 항해 이야기 혹은 일기』 사후 출판

윌리엄 로버트 브로튼의 생애

[그림 3] 윌리엄 로버트 브로튼의 초상화
출처: Wikimedia Commons

[표 3] 윌리엄 로버트 브로튼의 주요 연표[2]

1762. 3. 22.	찰스 브로튼(Charles Broughton)과 앤 엘리자베스(Ann Elizabeth) 사이에서 출생
1774. 5. 1.	12세, 해군 입대; 요트 캐더린(Yacht Catherine)호 수병
1774. 11. 18.	브릭 슬루프함 팰컨(Falcon)호 수병

---

2) Nicholas Tracy, *Who's Who in Nelson's Navy* (London: Chatham Publishing, 2006)에서 재구성했다.

1777. 2. 14.	15세, 할렘(Haerlem)호 근무
1778. 7. 1.	16세, 이글(Eagle)호 장교 후보생
1778. 12.	수퍼브(Superb)호 마스터 보조
1782. 1. 12.	19세, 버포드(Burford)호 중위
1788. 6. 23.	26세, 오레스테스(Orestes)호 승선
1790. 5. 13.	28세, 빅토리아(Victoria)호 승선
1791. 1. 6	29세, 수송선 채텀호의 중위 겸 지휘관이 됨
1791. 4.~ 1793. 1.	29~31세, 밴쿠버 함장과 함께 북미 대륙 컬럼비아강과 태평양 연안 탐사 측량
1793. 2. 1.	31세, 밴쿠버 함장의 지시로 영국 해군성에 누트카 회담 관련 문서 전달차 북미 뉴스페인 산블라스(San Blas)에서 베라크루즈(Vera Cruz)까지 도보 횡단
1793. 7. 16.	영국 해군성에 누트카 협정 문서 전달
1793. 10. 3.	프로비던스(Providence)호 중령 겸 지휘관으로 승진, 북서 태평양 탐사대 지휘관 밴쿠버 지원 항해
1795. 2.	33세, 프로비던스호 단독으로 아시아 해안의 탐사 항해 시작
1797. 10. 4.~ 11. 8.	35세, 종선 프린스 윌리엄 헨리(Prince William Henry)호로 조선 동해와 남해 탐사 및 부산항 기항
1799. 5.	37세, 영국으로 귀환
1801. 6. 23.	39세, 바타비어(Batavier)호의 캡틴 겸 지휘관으로 근무
1802. 5. 17.	40세, 페넬로프(Penelope)호 승선, 북해에서 근무
1802. 10.	사촌 제마이마(Jemima, 1775-1863)와 결혼
1804.	42세, 아들 윌리엄(William Broughton, 1804-1849) 출생
1804.	『윌리엄 로버트 브로튼의 북태평양 항해기, 1795-1798』 출판
1807. 5. 30.	45세, 일러스트리어스(Illustrious)호 승선, 지중해 근무
1809. 4.	47세, 프랑스 함대와 바스크 로즈(Basque Roads)에서 해전
1812. 10. 23.	50세, 영국 귀환 후 사령관직 사임
1815. 5. 31.	53세, 로열 소브린(Royal Sovereign)호 함장 및 지휘관
1815. 6. 4.	바스 훈장(Order of the Bath) 받음
1815. 8. 30.	스펜서(Spencer)호 캡틴 겸 지휘관
1819. 8. 12.	57세, 대령 진급
1821. 3. 12.	58세, 이태리 피렌체에서 협심증으로 사망

[표 4] 디스커버리호 정원[3]

Captain (함장)	George Vancouver	1
Lieutenants (중위)	Zachariah Mudge, Peter Puget, Joseph Baker	3
Master (마스터)	Joseph Whidbey	1
Boatswain	갑판장	1
Carpenter	목수장	1
Gunner	포수장	1
Surgeon	선의	1
Midshipmen	장교 후보생	6
Master's mates	마스터 보조병	3
Boatswain's mates	갑판장 보조병	3
Carpenter's mates	목수장 보조병	3
Gunner's mates	포수장 보조병	2
Surgeon's mates	선의 보조병	2
Carpenter's crew	목수장 보조병	4
Master at arms	선임 하사관	1
Corporal	하사	1
Sail-maker	돛 수선장	1
Sail-maker's mate	돛 수선장 보조병	1
Armourer	무기 담당 부사관	1
Cook	요리장	1
Cook's mate	요리장 보조병	1
Clerk	서기	1
Quartermasters	조타병	6
Able Seamen	이등병	38
Marines	**해병대**	
Serjeant	상사	1
Corporal	하사	1
Privates	수병	14
합계		100

---

3) George Vancouver, *A voyage of discovery to the North Pacific ocean, and round the world*. Vol. Ⅰ. p.xii. (London: G. G. and J. Robinson, 1798) 참조. 원제는 참고문헌에 기재하였다.

[표 5] 디스커버리호 제원

이름	HMS Discovery
조선소	Langbourne, Whitby
진수	1774년 (석탄선 딜리전스호로서 진수)
인수	1776. 1.
취역	1776. 2.
해체	1797. 10. 채텀 조선소
대포수	8문
용도	탐사선(discovery ship) 슬루프 전함(sloop of war)
톤	약 340톤
전장	약 28m
선폭	약 8.4m
흘수	약 3.5m
범장	브릭(brig), 나중에 full-rigged ship로 전환
정원	70명 (수송선으로서 70명)

출처: Wikimedia

[표 6] 채텀호 정원[4]

Commander(지휘관 겸 중위)	William R. Broughton	1
Lieutenant (중위)	James Hanson	1
Master (마스터)	James Johnstone	1
Boatswain	갑판장	1
Carpenter	목수장	1
Gunner	포수장	1
Surgeon	선의	1
Midshipmen	장교 후보생	4
Master's mates	마스터 보조병	2
Boatswain's mates	갑판병	2
Carpenter's mates	목수장 보조병	2
Gunner's mates	포수장 보조병	2
Sail-maker	돛 수선사	1
Surgeon's mate	선의 보조병	1
Armourer	무기 담당 부사관	1
Clerk	서기	1
Quartermasters	조타병	4
Able Seamen	이등병	10
Marines	**해병대**	
Serjeant	상사	1
Privates	수병	7
합계		45

---

4) George Vancouver, *A voyage of discovery to the North Pacific ocean, and round the world*. Vol. Ⅰ. p.xiii. (London: G. G. and J. Robinson, 1798) 참조. 원제는 참고문헌에 기재하였다.

[표 7] 채텀호 제원

이름	HMS Chatham
조선소	King, Dover
진수	1788년
취역	1789년
매각	1830년
대포수	4문
용도와 유형	탐사선(discovery brig), 무장 보조선(armed tender), 수송선(storeship)
톤	약 133톤
전장	24.4 m
선폭	6.7 m
범장	브릭(brig)
정원	45명

출처: Wikimedia

영국을 떠나
사이먼즈베이까지

1.1 항해의 목적

**1791. 1. 6.
항해의 목적**
이 항해는 국왕 폐하의 명령으로 이루어졌다.[1] 항해의 주목적은 북태평양과 북대서양 사이를 항해할 수 있는 통로의 존재를 확인하는 것, 그리고 누트카 사운드[2]와 주변 영토의 소유와 관련한 스페인 왕실과 영국 왕실 간에 존속했던 분쟁을 원만하게 조정하는 것(항해가 이루어지지 않았다면, 이 조정이 성공적으로 완료될 수 없었을 것이다)이었다. 스페인은 해당 해협과 지역 전체에 대하여 기득권을 주장해 오고 있었으며, 영국인과 다른 모든 국가의 신민들이 항해자 또는 상인으로서 이 지역의 원주민과 교류하는 것을 완전히 배제하고 있었다.

**디스커버리호와
채텀호**
조지 밴쿠버 함장의 지휘 아래 항해를 위해 준비한 배는 340톤의 슬루프 전함 디스커버리호와 135톤의 무장 보조선 채텀호였다. 디스커버리호의 승무원은 장교를 포함하여 100명이었고 퓨젯Puget은 이등 중위였다. 보조선의 승무원은 지휘관인 브로튼 중위 외 중위 한 명과 마스터[3]를 포함하여 45명으로 구성되었다.

---

1) 1790년 12월 15일 밴쿠버는 디스커버리호의 함장으로 임명되었고, 이튿날 디스커버리호를 인수한 후 승무원들을 모으기 시작했다. 1791년 1월 6일 채텀호의 지휘관으로 브로튼 중위가 임명되었다.

2) 오늘날 캐나다 서해안 해협의 이름이다. 1778년 쿡 함장의 레졸루션호(Resolution)가 처음으로 이 해안에 접근했을 때, 안개가 자욱해서 배의 충돌을 막기 위해 원주민들이 '배를 돌려라(Nootka-ish, Turn around)'라고 반복해서 소리쳤다. 누트카는 누트카이시에서 기원되었으며 이 일대의 지역과 원주민을 지칭하는 데 사용되었다. 1780년대 후반 스페인 제국이 북서 태평양으로 먼저 진출한 이후 영국이 이 지역의 교역권을 주장하면서 누트카 위기(Nootka Crisis)가 고조되어 스페인과 영국은 서로 누트카해협의 소유권을 다투고 있었다. 1978년 원주민들의 요청에 따라, 이 부족은 전통적으로 불리던 이름인 'Nuuchahnulth(산과 해변을 따라의 의미)'를 사용하여 'Nuu-chah-nulth First Nations'로 공식 명칭을 바꾸었다. 하지만 누트카 사운드는 현재에도 사용되는 지명이다.

3) 마스터(master)는 영국 해군의 고급 승무원으로 캡틴 아래의 계급이다.

1.2 출항 준비

항해 목적을 달성하기 위한 필수품과, 장교와 승무원들의 개인 편의를 위한 물품을 포함하여, 특히 승무원들의 건강 유지를 위해 식량과 의약품이 충분하고도 세심하게 준비되었다. 승무원들은 전 세계의 외진 곳들을 돌아다니는 가운데 엄청난 고역과 피로 속에서 여러 곳을 탐사하거나 지원해야 할 운명이었다. 두 척의 함선은 1791년 4월 1일 금요일에 팰머스Falmouth 콘월의 남해안에 위치한 항구를 출항했다. 출항 전날 저녁에 폐하의 성명서가 도착하여 함대를 운용할 하사금이 전달되었다. 여러 척으로 구성된 함대들이 배치된 다음 각 함대의 사령관들에게는 각기 다른 명령이 부여되었다.[4] 이 같은 상황은 출발하는 승무원들 사이에 많은 걱정거리를 초래하였다. 왜냐하면 승무원들은 오랫동안 고국을 떠나 있게 되면, 그간의 소식이나 상황의 결과를 알아볼 기회가 거의 혹은 전혀 없을 것이기 때문이었다.

> 1791. 4. 1.
> 출항 준비

1.3 카나리아제도 기항

폐하의 지시서를 받들어, 밴쿠버 함장은 샌드위치제도Sandwitch Islands[5]로 이동하여 기항한 주둔지에서 다가오는 겨울을 보낼 예정이었다. 그러나 밴쿠버로서는 어떻게 해서든지 최적이라고 판단되는 항로를 마음대로 선택할 수 있었다. 밴쿠버는 포도주

> 1791. 4. 28.
> 채텀호 수리를 위해 카나리아제도에 기항

---

4) 1791년 2월 5일 영국 남해안의 정박지인 스핏헤드(Spithead)에 기항한 디스커버리호와 채텀호는 굿올 부제독(Rear-Admiral Goodall, 1750~1801)의 뱅가드(Vanguard)호를 만나서 그의 지휘를 받았다. 굿올은 상선 12척으로 구성된 상선단과 여러 척으로 구성된 호위함을 총지휘하는 함대 사령관(flag officer)으로서 밴쿠버 일행과 스핏헤드에서 합류하기로 되어 있었다.

5) 하와이제도의 옛 이름으로 인도양과 호주를 거쳐 북미대륙으로 가기 위한 중간 기착지 역할을 했다.

와 음식물을 조달받기 위해 마데이라Madeira⁶⁾로 가는 익숙한 항로를 선택했다. 호의적이지 않고 변덕스런 바람이 그들의 여정에 동행했다. 우선 프렌찰 로드Frenchal Road⁷⁾에 도착하려고 했지만, 순조롭지 않고 변화무쌍한 바람이 항해를 가로막았다. 그런데 상당량의 밸러스트⁸⁾를 실을 목적으로 채텀호의 화물창을 나눠야 할 필요가 생겼기 때문에, 산타크루즈에 있는 로드스테드⁹⁾가 더 낫다고 판단했다. 채텀호의 수리를 위해 두 배는 28일 목요일 저녁에 서로 만났고 디스커버리호에 배치된 마스터 보좌관이 옮겨 탔다. 마스터 보좌관의 판단은 디스커버리호를 좋은 선석에 배치하고 채텀호는 그 근처에 배치하는 것이었다.

1791. 5. 1.
일행, 카나리아 총독을 방문하다

금요일 오후, 밴쿠버 함장과 브로튼 중위, 그리고 일부 장교들은 산타크루즈에 거주하는 카나리아제도Canaries 아프리카 북서해안의 제도로 스페인령의 총독이자 장성인 돈 안토니오 귀테레스 각하를 방문했다. 방문객들은 정중하게 환영을 받았다. 총독 각하는 그들에게 가능한 한 모든 지원을 제공하겠다고 장담했지만, 지역의 빈곤한 사정 때문에 자신의 식사 대접에 방문객들을 초대하지 못한다고 간곡히 말했다. 같은 일행은 5월 1일 일요일에 랑구나Langoona를 방문한 후 산타크루즈로 돌아오는 길에 아일랜드인 로티와 함께 식사를 했는데, 그는 일행에게 최대한의 친절과 호의를 베풀었다.

---

6) 마데이라는 오늘날의 마데이라제도로서 북대서양에 위치한 포르투갈령의 해외 섬이다. 주정강화 포도주(fortified wine)로 유명하다.
7) 로드(road)는 배가 다니는 길목 또는 정박하는 정박지이다. Funchal Road의 오기인 듯하다. 푼샬은 포르투갈령 마데이라제도에 속한 도시의 이름이다.
8) 밸러스트(ballast)는 배에 무게를 주고 중심을 잡기 위해 바닥에 놓는 무거운 물건으로 바닥짐이라고도 한다. 자갈, 물, 석탄, 납 등이 있다.
9) 로드스테드(roadstead)는 배의 정박지이다.

채텀호의 수리 때문에 본래의 임무가 지연되었고, 7일 토요일 밤에야 완료되었다. 지금까지 넣어온 밸러스트는 채텀호가 지나치게 기우는 것을 방지는 했지만, 항해하는 데에는 도움이 되지 않았다. 결국 채텀호는 항해를 하는 동안 디스커버리호에 비해 많이 열등했다. 선용품 공급업자는 우리가 필요로 하는 품목들을 지시받은 대로 공급해 주었는데, 특히 다량의 소고기와 포도주와 식수는 매우 신선했지만, 한해의 이맘때에는 과일과 채소, 그리고 가금이나 모든 종류의 가축은 매우 좋지 않거나 값이 터무니없이 비쌌다.

**1791. 5. 7.
식량 조달**

8일 일요일 정오 무렵에는 카나리아제도를 더는 볼 수 없었다. 상쾌한 바람과 잔잔한 파도, 그리고 맑은 날씨 속에서 침로를 카보베르데제도[10]의 서쪽으로 정한 후, 14일 토요일 오전에 제도를 보면서 옆으로 지나갔다. 이때 세인트안토니오섬[11]의 북서 끝자락은 북위 17° 10′, 서경 25° 3′ 2″에 위치하고 있는 것 같았다. 이제 날씨와 바람이 상당히 바뀌었다. 테네리페섬Teneriffe 카나리아제도의 섬에서 공급받았던 신선한 소고기를 모두 소진한 다음에 휴대용 수프[12]와 사워 크라우트[13]를 다시 승무원들에게 제공했다. 항해는 매우 느리게 진행되었다. 24일 목요일까지는 북위 4° 25′, 서경 21° 36′에 걸쳐 있는 불쾌하면서 때때로 건강에 해로운 지역을 가리키는 선[14]을 통과한 것으로 보였다.

**1791. 5. 8.
카보베르데제도를 거쳐 계속 남하**

---

10) 카보베르데제도(Cape Verde 또는 Cabo Verde)는 아프리카 대륙의 서쪽 해안에 있는 섬으로 포르투갈의 식민지였다.
11) 세인트안토니오섬은 오늘날 아프리카 서해안의 카보베르데제도에서 두 번째로 큰 섬이다.
12) 휴대용 수프(portable soup)는 항해 중에 사용된 일종의 건조식품 재료로서 말린 육류나 콩 등을 필요에 따라 분말로 만든 다음 액상수프로 조리한다.
13) 사워 크라우트(sour krout)는 소금에 절인 양배추이다.
14) 북위 23° 26′ 22″를 따라 위치한 북회귀선(the Tropic of Cancer)을 지나 열대지역으로 들어간다는 의미이다.

1791. 6. 12.
북회귀선 통과

북회귀선을 통과하고 나서 (12일 일요일) 바람은 변화가 아주 심했다. 날씨는 대체적으로 쾌적했지만 채텀호의 느린 속도로 인해 항해는 상당히 지연되었다. 채텀호의 속도는 강풍이 불었음에도 불구하고 약한 바람이 불 때와 똑같았다.

1791. 7. 1.
채텀호와 헤어지다

채텀호는 7월 1일 아침까지는 디스커버리호의 시야에 있었지만, 이때 가시권 밖으로 벗어났다. 아프리카 해안과 가까워지자 날씨는 매우 불안정했다. 고요한 날씨가 갑자기 세찬 강풍으로 바뀌는 몇 차례의 변화를 겪었는데, 수많은 천둥과 번개, 그리고 서쪽과 남서쪽에서 밀려오는 엄청나게 커다란 너울을 동반한 날씨였다.

1791. 7. 8.
소용돌이와 해류

8일 오후, 너무나 보기 드문 바닷물 소용돌이가 7분 동안 일어났다. 밴쿠버 함장은 두 가지 해류가 서로 부딪치면서 생겨난 결과라고 추정했으며, 그러므로 수심을 재려고 하지 않았다.

1791. 7. 9.
희망봉

9일 동이 틀 때, 희망봉이 시야에 들어왔으며 나침반으로 동쪽 8리그[15] 떨어진 곳에 있었다.

---

15) 리그(league)는 거리의 단위로 1리그는 약 3마일이다.

1.4 사이먼즈베이 기항과 전염병 발생

이제부터 항로를 폴스베이[16]로 직행하면서, 지금 이곳의 기후는 일 년 중에서 날씨가 거친 시기이니만큼 불쾌할 뿐만 아니라 안전하지도 않을 것으로 상정했다. 곶과 그 근처에 있는 위험한 암초들을 통과한 후 만 안으로 배를 몰았다. 날씨가 고요해지자 수심 40패덤[17]에서 닻을 내렸다. 이튿날 아침, 닻을 올린 다음 남쪽으로 부는 가벼운 바람을 타면서 보트[18]들이 앞에서 예인했다. 오후 약 7시에 사이먼즈베이에 도착하여 수심 12패덤에 정박했다. 디스커버리호는 이제 채텀호에 의해 추월당했다. 두 배가 서로 헤어진 이후, 디스커버리호는 동행하던 선박[19]을 겨우 밤 동안 항해할 거리만큼 따라잡을 수 있었다.

1791. 7. 9.
폴스베이로 항진

11일 월요일 아침, 항구 주둔 사령관 브란트에게 자신들의 도착을 알리고, 필요한 물품 조달, 그리고 선박 수리를 위해 필요한 조치를 취하도록 허가를 요청하기 위해 장교가 파견되었다. 브란트 사령관이 정중하게 수락하는 가운데, 예포 11발로 경의를 표했고 주둔군 또한 같은 수의 예포로 화답했다. 밴쿠버 함장, 브로튼 중위, 그리고 나머지 장교 일부는 개별적으로 브란트 사령관을 찾아 예를 갖추었으며, 그로부터 정중한 환대를 가득 받았다. 필요한 수리를 지원하기 위해 기술자들이 배치되었고, 선용품과

1791. 7. 11.
사이먼즈베이에서의 업무

---

16) 폴스베이(False Bay)는 남아프리카 희망봉의 동쪽에 있는 만으로 현재 케이프타운이 자리하고 있으며, 사이먼즈베이(Simon's Bay)는 폴스베이에 속한 만으로 영국 해군의 기지가 위치해 있었다.
17) 패덤(fathom)은 수심을 재는 길이의 단위로 1패덤은 약 1.8미터이다.
18) 디스커버리호와 채텀호에는 탐사, 해안까지의 사람과 물자 수송, 긴급피난 등의 용도로 다양한 소형 배들을 싣고 다녔으며 이 배들은 모두 보트(boat)라고 불린다. 커터(cutter), 욜(yawl), 론치(launch) 등의 소형 배가 실려 있었음을 확인할 수 있다.
19) 동행 선박 즉 채텀호를 말한다.

식량의 대부분이 케이프타운Cape-Town에서 오기로 되어 있었다. 밴쿠버 함장과 브로튼 중위는 물품 조사차 총독 대행 레니오스Rhenios가 있는 케이프타운을 방문했다.

**1791. 7. 11.
사이먼즈베이에 기항한 선박들**

디스커버리호와 채텀호 외에도 이곳에는 영국 해군선 고르곤호, 워렌 헤이스팅스호, 그리고 벵골Bengal에서 출발한 피츠윌리엄 백작의 인도 무역선들[20]이 있었다. 중국에서 출발한 해군 수송선 두 척은 귀국하는 중이었다. 죄수들을 태운 세 척은 잭슨항[21]으로 가는 중

[지도 2] 영국 팰머스에서 희망봉까지

---

20) 인디아맨(Indiaman)은 동인도 회사 소유의 선박으로 피츠윌리엄 백작 소유의 선박들을 말한다.
21) 잭슨항(Port Jackson)은 제임스 쿡(James Cook, 1728~1779)이 1770년에 발견하였으며, 그 뒤 영국 해군장관 잭슨경의 이름을 따서 명명하였다. 오늘날의 시드니항이다.

이었고, 미국 배 두 척 외에 네덜란드와 덴마크 상선 몇 척도 있었다. 밴쿠버 함장은 이번 기회에 그의 승무원 네 명을 워렌 헤이스팅스호에 태워 고국으로 보냈다. 그들의 건강 상태가 임무를 수행하기에 부적합했으며, 다른 승무원들로 대체했다.

희망봉에서는 많은 장교들이 육지에서 할애 할 수 있는 만큼 오래 머무르는 것이 관례다. **1791. 8. 12.** 승무원들이 이질에 걸려 계획에 차질이 생김

밴쿠버 함장은 오랜 관행을 깨고 싶지 않았기 때문에 동의하였다. 그러나 밴쿠버는 배로 돌아왔을 때 마음이 극도로 상했다. 그의 일행 중 몇 명이 이질에 시달리고 있었기 때문이다. 처음에는 악성이 아니었지만 나중에는 매우 심각해졌다. 다른 배들의 승무원들 사이에서도 이 병이 만연하고 있었는데, 최대한의 금주가 지켜졌고 식량은 최고의 품질이었기 때문에 원인을 찾을 수 없었다. 디스커버리호의 선의가 갑자기 이 질환에 걸려서 발열 증상이 없는데도 착란 상태에 빠졌다. 이 병은 결과적으로 바타비아Batavia 오늘날의 인도네시아 자카르타를 출항해서 최근에 도착한 대형 네덜란드 배 탓이라고 추측했다. 그 배에서 여러 명의 선원들이 병원이 있는 해안으로 보내졌는데 이질이나 다른 전염병으로 심하게 앓거나 죽어가는 사람들이었다. 이 심각한 재앙으로 인해 함장은 빨리 바다로 나가고 싶어했다. 빈 공간을 남겨두지 않고 적절한 비율로 18개월치 식량과 준비물들을 확보했으며, 배 수리 또한 이미 완료한 상황이었다.

1.5 사이먼즈베이 출항

8월 12일 아침, 바다로 나가려고 시도했지만 바람 방향이 남남동쪽으로 바뀌어서 불었기 때문에, 바람이 불 경우 항해에 편하도록 더 바깥쪽의 선석을 차지하는 것만 가능했다. 항해에 유리한 바람이 17일 수요일 정 **1791. 8. 17.** 사이먼즈베이 출항

오 무렵에야 불었다. 북서쪽에서 약한 바람이 불어오자 디스커버리호와 채텀호는 사이먼즈베이를 출항하면서 11발의 예포를 쏘아 주둔군에게 경의를 표했고, 같은 수의 답포가 발사되었다. 이어서 디스커버리호와 채텀호가 앞서고, 잭슨항으로 향하는 앨버말호와 애드미럴 배링턴호, 수송선 브리타니아호가 뒤따랐다.

뉴홀랜드 탐사

2.1 인도양 항해

1791. 8. 26.
폭풍우로 모래톱 조사에 실패하다

밴쿠버 함장은 채텀호와 헤어질 경우에 대비해서, 다음에 만날 장소를 남위 35°에 있는 라이언즈랜드Lyon's Land 근처로 정해 두었다. 만약 정해진 시간에 서로 만나지 못하면 채텀호가 이틀 동안 디스커버리호를 찾아다니기로 했다. 더 이상 찾지 못할 경우 채텀호는 다른 명령에 따라 특정 지역으로 이동하게 되어있었다. 며칠 동안 폭풍우와 변덕스러운 바람이 계속 불었다. 밴쿠버 함장은 일곱 군데의 각각 다른 모래톱에 대한 몇 가지 정보를 얻기 위해 남쪽에서 불어오는 바람을 타고 배를 몰았다. 모래톱은 26일 그들이 접근하고 있던 해역 근처에 있다고 알려져 있었는데, 동경 38° 33′와 동경 43° 47′ 사이, 그리고 남위 34° 24′과 남위 38° 20′ 사이를 항행함에 있어서 장애물들이 존재한다.[1] 그러나 폭풍우로 인해 계획을 계속 추진할 수 없었다. 그렇지만, 밴쿠버 함장은 해역 전체를 조사하는 것이 무모하다고 판단했음에도 불구하고 모래톱이 서로 연결되어 있을지도 모른다고 추정하여 네덜란드 배 몇 척으로부터 얻은 정보를 바탕으로 해서 항로를 남위 30° 20′, 동경 43° 43′의 최남동단에 위치하고 있는 해역으로 정했다. 그러나 서남서쪽에서 세어지는 강풍 때문에 전혀 조사를 할 수 없었고, 결국 남동쪽으로 배를 몰았다.

1791. 8. 28.
폭풍 속의 항진

이 바람은 28일에 엄청난 폭풍으로 변했다. 폭풍이 잠잠해지는 29일 월요일, 동쪽으로 항해를 이어 나갔다.

1791. 9. 7.
이질로 승무원 사망

희망봉에서 발생한 질병이 아직도 승무원들 사이에서 계속되는 가운데, 해병대 대원 중 한 명인 닐 코일이 9월 7일 수요일에 사망했다.

---

1) 아프리카 남동부 해상이자 마다가스카르섬의 남쪽 해상에 해당한다.

9일, 생폴섬과 암스테르담섬[2] 사이를 지나갔는데 생폴섬이 암스테르담섬에서 약 5-6리그 떨어져 있었다. 이른바 항해자 콕스[3]가 명명한 것으로 알려진 암스테르담섬은 짙은 안개가 넓게 퍼져 있어서 밴쿠버 탐사대가 눈으로 볼 수는 없었다. 여기서부터, 뉴홀랜드New Holland, 현재의 오스트레일리아 해안까지 향하는 항로는 댐피어와 마리온[4]이 탐사한 항적의 중간으로 가는 것으로, 지금까지 누구도 가보지 않았던 해역이었다. 수심을 재려고 여러 번 시도했지만 180패덤짜리 측심줄[5]이 바닥에 닿지 않았다.

> **1791. 9. 9.**
> 뉴홀랜드를 향한 인도양 항해

2.2 오스트레일리아 해안 도착

26일 월요일, 돛대 꼭대기에서 육지를 보았다는 소리가 들렸다. 이런 이유로 27일 새벽에, 잔잔한 파도와 맑은 날씨 아래 북서쪽에서 불어오는 연풍을 타고 모든 돛을 펴서 항해했는데, 이제야 탐사 항해가 장도에 올랐다고 할 수 있다. 지금 눈에 보이는 최서단의 땅(바로 어젯밤에 본 최북단의 땅)은 높은 절벽들이 바다를 향하여 수직으로 떨어지는 것이 인상적이었다. 이 절벽들은 눈에 잘 띄는 곳으로 이루어져 있는데 밴쿠버 함장이 당시의 해군 장관을 기리기 위해 채텀곶Cape Chatham이라고 명명했다. 이 채텀곶은 위도 35°

> **1791. 9. 26.**
> 뉴홀랜드

---

[2] 생폴(St. Paul)섬은 인도양에 있는 섬으로 암스테르담(Amsterdam)섬의 약 85km 남쪽에 위치한다. 암스테르담섬은 인도양 한복판 근처에 남위 37° 50′, 동경 77° 30′에 있는 프랑스령의 섬이다.

[3] 존 헨리 콕스(John Henry Cox, c. 1750~1791)는 영국 태생으로 북아메리카 해안에서 나는 모피를 중국으로 가져다 파는 모피무역에 종사했으며, 스웨덴 국왕의 지원을 얻어 머큐리호로 1789년 타스마니아의 동쪽 해안을 탐사하고 지도를 만들었다.

[4] 댐피어는 세계 일주를 두 번 한 영국의 항해가 윌리엄 댐피어(William Dampier, 1652~1715)를 가리킨다. M. 마리온은 남인도양을 탐사한 항해가 마크 조셉 마리온 뒤 프렌(Marc-Joseph Marion du Fresne, 1724~1772)이다.

[5] 18세기에는 납덩이나 돌을 매단 측심줄을 물에 넣어 수심을 측정하였다.

3´, 경도 116° 35´ 30"에 위치하고 있다.6) 이 곳에서 육지는 서쪽으로 북서 39°, 동으로 남동 8° 사이에 있다.

상륙을 위해 해안으로 접근하다

함장은 이질 때문에 지금까지 몸이 불편한 승무원들에게 얼마간의 휴양이 도움이 될 것 같아서 눈에 보이는 첫 번째 만에 들어가기로 결심했다. 그래서 해변에서 3-4마일 떨어져 있는 연안에 도달했다. 해안선을 따라 있는 이 지역은 초목이 거의 없는 황량한 언덕으로 연한 갈색을 띤 녹색이었다. 토양은 주로 흰 모래로 이루어져 있으며, 이 땅에는 크기와 모양이 서로 다른 여러 개의 큰 흰색 바윗돌이 돌출되어 있었다.

1791. 9. 27.

27일 저녁, 따로 떨어져 있는 작은 섬 하나가 나침반 기준으로 남동 87°에 있고, 본토의 최동단은 북동 86° 방향에 있는 돌출된 포인트7)로서 육안으로 보인다. 거기서부터, 길게 형성되어 있는 흰 절벽들은 북동 76°에 있고, 가장 가까운 해안은 남동 34° 쪽으로 겨우 5마일 떨어져 있다. 그리고 최서단에 있는 땅은 북서 45°에 있어 육안으로 보인다.

1791. 9. 28. 일식과 이클립스제도

이튿날(9월 28일)에 흰 절벽들이 해안의 이쪽 부분인 최남단 포인트를 형성하는 것으로 확인되었다. 그래서 밴쿠버 함장은 고인이 된 고귀한 백작8)을 기리기 위해 하우곶Cape Howe이라고 명명했다. 하우곶은 위

---

6) 당시의 위도와 경도는 오늘날과 정확히 일치하지는 않지만, 항해일지와 좌표를 볼 때 오늘날 호주의 서해안 남쪽이다.

7) 밴쿠버 함장과 브로튼 중위는 해도 제작을 위해 해상에서 바라본 땅의 일부분을 묘사할 때 산봉우리, 산 정상, 큰 바위, 절벽, 외딴 섬, 바위섬, 화산 분화구, 가파른 절벽, 돌출부, 갑(岬), 곶(串), 가장자리, 끝자락, 쑥 내민 끝 등을 '포인트(point)'라고 총칭했다. 또한 포인트가 육지나 섬뿐 아니라 바다의 일부인지 정확히 알 수 없는 상황에서 특정 장소를 '포인트'라고도 사용했다.

8) 리처드 하우(Richard Howe, 1726~99)는 영국 함대 사령관으로서 1794년 프랑스 함대를 격파했으며 해군 장관을 지냈다. 이 책의 출판년도인 1802년을 기준으로 보아 하우는 이미 고인이 되었다.

도 35° 17′, 경도 117° 52′에 위치하고 있다. 전날 밤에 본 본토의 가장 동쪽 부분이라고 간주한 땅은 이제 하나의 섬으로 보이기 시작했다. 북서쪽에서 불어오는 가벼운 바람을 타고 해안가로 배를 몰았다. 높은 산 하나가 인접한 언덕들보다 훨씬 더 눈에 띄었다. 산의 해발 고도가 매우 높아서 함장은 친구인 앨런 가드너 경[9]을 기리기 위해 가드너산Mount Gardner이라고 명명했다. 그리고 공교롭게 일식이 진행 중이어서, 그는 황량한 바위섬의 무리를 이클립스제도[10]라고 명명했다. 그리고 높은 바위 절벽 포인트 주변에서 항구 하나가 발견되자 채텀호는 이곳을 향하여 직행하려고 했다. 이때에 맑은 날씨 아래 산들바람을 타고 배를 몰기 시작했지만 잠시 후 짙은 안개와 비가 내리고 심한 천둥과 번개까지 동반되었다. 항구 안의 적당한 장소에 배를 세운 뒤 수심 6패덤에 닻을 내렸다.

해협[11]의 남서 방향에서 끝자락을 형성하고 있는 높은 바위 절벽 포인트는, 푸른 초목이 없고 밋밋한 외관 때문에 뚜렷이 구별되어 볼드 헤드Bald Head라고 명명되었다. 항구의 입구에 있는 높은 바위섬은 서남쪽에서 밀려오는 파도와 맞서 부딪히는 모습 때문에 방파제섬Break Sea Island이라는 이름이 붙었다. 북동 62°에 있는 또 다른 높은 섬을 마이클마스섬Michaelmas Island[12]이라고 불렀다. 그리고 북쪽에 있는 작으면서 높은 섬에는 물개들이 많이 모여 있어서 물개섬Seal Island이라고 했다. 일부 승무원들이 보트를 타고 물고기를 잡으러 나간 동안 밴쿠버 함장, 브로튼 중위, 그리고 다른 사람들은 자신들이 머무는 곳보다 더 적합한 장소가 있는지 조사하기 위해 욜을 타고 나갔다.

---

9) 앨런 가드너 경(Sir Alan Gardner, 1742~1809)은 영국 해군 대장을 역임했으며 카리브해 지역에 대한 상세한 수로 조사를 하는 동안 밴쿠버 함장을 지휘했다.
10) 이클립스제도(Eclipse Islands)는 서호주에 있는 불모의 섬의 무리로 본토 해안에서 가장 가까운 지점에서 남쪽으로 6.1km 떨어져 있다. 이클립스는 '일식'의 뜻이다.
11) 해협(sound)은 육지 사이의 좁은 바다라는 의미 외에 작은 만(灣) 또는 하구의 의미로 사용되기도 한다.
12) 9월 29일의 대천사 미카엘 축일을 기념하여 명명되었다.

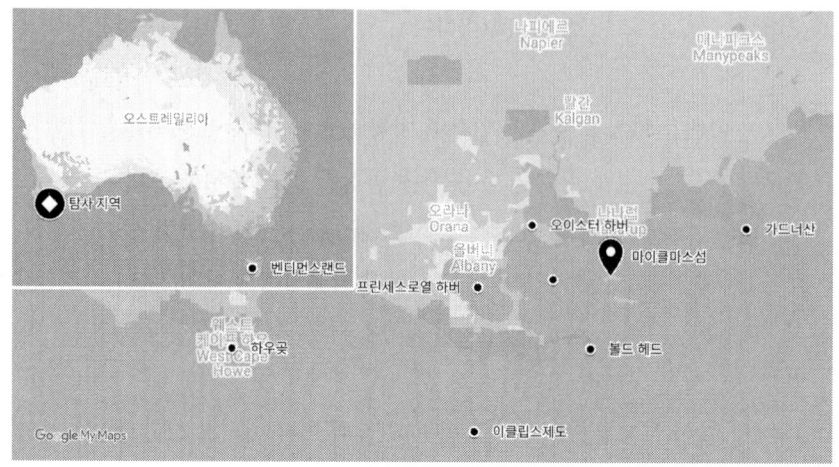

[지도 3] 이클립스제도 일대

1791. 9. 29.
주민의 흔적

볼드 헤드에서 세 번째 모래사장에서 당긴 후릿그물[13]에는 고기가 많이 잡혔다. 여기서 그들은 색깔은 거의 브랜디 색이지만 맛이 좋고 신선한 시냇물이 모래 사이로 흐르는 것을 발견했다. 이 물줄기 주변에서 연료로 쓸 만한 나무숲을 찾았다. 여기에서 또한 나무껍질과 작은 녹색 나뭇가지로 덮인 일종의 바구니처럼 생긴 초라한 오두막 한 채를 발견했다. 지붕 위에는 일반적으로 쥐치라고 불리는 물고기의 갓 잡은 껍질이 얹혀 있었고 부근에는 몇몇 육식 동물의 배설물이 흩어져 있는 것으로 보아 집주인들이 오두막을 오랫동안 비워 두지는 않은 것 같았다. 이 물고기의 껍질을 제외하고는 이 불쌍한 주민들이 먹고 사는 생선이나 육류의 뼈나 조개껍데기의 흔적은 없었다. 마당에는 불을 피우면서 지낸 흔적이 있었다. 몇몇 불쌍한 사람들의 외롭고 비참한 상황에 대하여 연민이 느껴졌다. 그들은 아마 이곳까지 떠밀려 와서 극심한 기근과 고난을 만났을 것이다. 바다로 떠내려 오는 동안 겪은 잔인한 파도를 황

---

13) 후릿그물(seine)은 강이나 바다에 그물을 넓게 둘러치고 여러 사람이 양 끝을 끌어당겨 물고기를 잡는 그물이다.

량한 해안에서의 고난과 맞바꾸었다!

　모든 땅을 통상적인 의식을 갖추어 점령하고 나서, 채텀곶의 북서쪽을 관측할 수 있었다. 자신들이 처음 발견한 만을 예우하는 의미에서 국왕 조지 3세 사운드King George the Third's Sound라고 명명했다. 그리고 그날은 영국 국왕 장녀[14]의 탄생 기념일이라서 사운드 뒤편에 있는 만을 프린세스 로열 하버Princess Royal Harbour라고 이름을 지었다. 국왕 조지 3세 사운드는 남위 35° 5′, 동경 118° 17′에 위치하고 있다.[15]

프린세스 로열 하버

　북동쪽으로 좀 떨어진 수로로 이어진 좁고 얕은 수로와 입구를 가로지르면서 길게 깔려있는 모래톱을 확인했다. 그 위로는 수심이 겨우 3패덤에 불과했다. 만을 빠져나가는 길에 승무원들은 모래톱 위에 보트들을 붙였는데, 이곳은 아주 맛있는 굴들로 뒤덮여 있어서 모두가 맛있게 먹었고, 보트를 굴로 가득 채웠다. 이 모래톱은 결과적으로 오이스터 하버Oyster Harbour라고 명명되었다.

　[여기에 반드시 주목할 점은 오이스터 뱅크가 새로운 발견이라고 할 수 없는데, 이전 항해에서 콕스가 같은 이름을 지어준 바로 그 지점으로 보이기 때문이다.]

　이튿날 아침(30일)에 승무원들은 땔감용 나무를 자르거나 식수를 모으기 시작했고, 10월 1일에는 나무와 식수가 확보되어 있는 곳까지 더 가까이 이동했다.

1791. 10. 1.

---

14) 영국 국왕의 장녀(Princess Royal)는 조지 3세(King George Ⅲ, 1738~1820, 재위 기간 1760~1820)와 그의 아내 소피아 샬럿(Sophia Charlotte, 1744-1818)의 첫째 딸이자 넷째 자녀로서 본명은 샬럿 오거스타 마틸다(Charlotte Augusta Matilda, 1766-1828)였다.

15) 오늘날 호주의 남서쪽 해안에 있으며, 1604년에 이 지역을 방문한 프랑스 탐사가 사뮈엘 드 샹플랭(Samuel de Champlain, 1567~1635)의 이름에서 따온 프렌치맨만(Frenchman Bay) 안에 있다.

1791. 10. 2.
원주민 마을을 방문하고 기념품을 남기다

2일, 함장은 해협에 대한 추가 조사를 하고자 욜을 타고 프린세스 로열 하버로 갔다. 남서쪽의 바위 절벽 근처에서 아주 양질의 물이 흐르는 작은 개울을 발견했다. 그들은 또한 숲으로 둘러싸인 황량한 원주민 마을에 들어갔다. 마을에는 약 스무 그루 정도의 말라 죽은 나무가 있고 거의 평평한 땅이었다. 최근에 사람이 거주한 흔적은 없었지만 모든 오두막 앞에는 불을 피운 흔적을 찾아볼 수 있었다. 두세 채의 오두막은 나머지 오두막보다 더 크고 달랐다. 그중 한 오두막(어떤 족장의 거주지로서, 거기에서 다른 방향으로 나가는 여러 개의 샛길이 있는 것으로 추정되었다) 안에는 혹시 누가 근처에 아직 남아 있다면, 이들 원주민이 탐사대를 찾아오도록 친선의 표시로 구슬, 칼, 못 등을 남겨 두었다.[16]

[그림 4] 국왕 조지 3세 사운드에 있는 버려진 원주민 마을

---

16) 유럽인 항해자들에게는 신대륙이나 신항로를 개척하면서 원주민과 소통하기 위해 동전이나 구슬, 못 등을 배에 싣고 가서 선물로 주는 관행이 있었다.

충분한 목재와 식수를 4일까지 확보한 후 일부가 다량의 조개류를 잡으러 오이스터 하버로 파견되었지만, 갑작스럽게 남동쪽에서 불어온 센바람과 커다란 너울 때문에 보트들은 강풍이 상당히 완화된 5일, 수요일 아침에야 돌아올 수 있었다. 고기를 잡으러 간 일행들은 후릿그물로 많이 잡지는 못했으나 굴은 충분히 캤다. 이날 아침에 바다로 나갈 계획은 없었지만 바람 때문에 출항할 수도 없었다. 그래서 브로튼 중위는 오이스터 하버에서부터 가드너산까지 해당되는 사운드의 동쪽 부분을 탐사하러 갔다. 이곳은 짧으면서 조밀한 해안으로 주민들이나 거주지의 흔적은 없지만 불을 피운 적이 있는 장소임을 확인했다.

> 1791. 10. 5.
> 센바람으로 출항이 지체되다

2.3 지질과 동식물 조사

오이스터 하버에서의 또 다른 탐사가 금요일인 7일에 있었는데, 커다란 검은고니 여러 마리가 위풍당당한 태도로 물 위에 떠 있다가, (날갯짓을 할 때) 날개와 가슴 아래의 부분이 흰색으로 보였다. 또한 씨알 굵은 물고기, 오리, 컬루[17] 그리고 다른 야생 조류들이 풍부한 사실을 알았다. 오두막 몇 채를 보았지만, 원주민은 만날 수 없었다. 그래서 그들은 다른 길을 통해서 보트로 돌아왔다.

> 1791. 10. 7.
> 오이스터 하버에서 조류를 관찰하다

해안선을 따라 있는 이 지역은 희망봉 근처의 아프리카 모습과 매우 비슷했다. 지표면은 대개 모래로 구성되어 있으며, 비옥함의 정도는 많이 차이가 나지만, 부식된 식물이 섞여 있었다. 발견한 돌들은 검은색과 갈색의 자갈을 비롯한 산호가 대부분이었으

> 1791. 10. 17.
> 오이스터 하버에서 동식물과 지질조사

---

17) 컬루(curlew)는 마도요속(屬)의 새이다.

며, 점판암, 석영, 두세 종류의 화강암, 약간의 사암도 보였지만 금속성을 띠는 돌은 전혀 없었다. 식물 가운데 가장 주목할 것은 검 플랜트[18]인데 대량으로 발견되었으며 필립의 항해기[19]에는 잭슨항에서 보았다고 언급해 놓았다. 또한 많은 양의 나사말[20]을 볼 수 있었는데, 이것과 고벨화[21]는 그들이 구한 것 중에서 유일하게 식용이 가능한 채소였다. 수많은 여러 가지의 초목들, 아주 다양한 아름다운 꽃들, 그리고 여러 종류의 서로 다른 관목들이 있었다. 숲속의 나무들은 네 가지 종류가 보였다. 가장 흔한 종류는 호랑가시나무[22]와 비슷했지만 가장 큰 종류는 아니었다.

탐사대는 서인도제도의 피멘토[23]와 비슷한 일종의 도금양을 땔감으로 사용하였다. 다른 종류는 희망봉에서 본 은엽수와 비슷했다. 그리고 가장 큰 종류(두 그루 중 하나는 둘레 9피트 4인치에 둘레에 비례해서 그만큼 키가 컸다)는 단단하고 무거우며 촘촘한 결의 목재가 나올 것 같았고, 상당량의 나무진이 나오고 있었다. 그들은 죽어 있는 캥거루를 제외하고는 네발짐승들을 보지 못했지만, 영국 까마귀를 닮은 새를 포함해서 각양각색의 작은 새들을 보았다. 두세 마리의 노란 파충류와 구릿빛의 뱀들은 맛있는 음식이었다. 그러고 나서 멋진 거북이들, 흔하게 날아다니는 파리 등을 보았다.

---

18) 검 플랜트(gum plant)는 국화과(科) 그린델리아(Grindelia)속(屬) 식물의 총칭으로 진득진득한 분비물로 덮여있어 약재로 사용된다.
19) 아더 필립(Arthur Phillip 1738~1814)이 쓴 『필립 총독의 1789년 보타니만으로의 항해』(The Voyage of Governor Phillip to Botany Bay 1789)를 지칭한다. 필립 제독은 뉴사우스웨일즈(New South Wales)의 초대 총독으로 임명되어 영국 해군선과 죄수호송선으로 군인과 죄수들을 보타니만으로 데려와 오스트레일리아에 영국의 식민지를 건설하였다.
20) 나사말(wild celery)은 나사말속(屬) 다년생 담수초(淡水草)로 잎이 리본 모양이다.
21) 고벨화(camphire)는 부처꽃과에 속하는 소관목이다.
22) 호랑가시나무(holly)는 잎가에 뾰족뾰족한 가시가 돋아 있고 새빨간 열매가 달리는 나무로 흔히 크리스마스 때 장식용으로 쓰인다.
23) 피멘토(pimento)는 서인도제도산 나무로, 열매는 계피와 육두구, 정향을 섞은 맛이 나서 올스파이스(allspice)라고도 한다.

항해에는 불리한 바람이 10일까지 계속 불었다. 바람 불어 | 1791. 10. 10~20.
가는 방향이 남쪽으로 바뀌자 바다로 출발할 가능성이 조금 생 | 해안선과 해발 고도 측량
겼다. 하지만 바람이 다시 이전 방향으로 바뀌었고, 이튿날에는 바람이 다소 유리한 것을 알고 닻을 올린 다음 해협을 빠져나가기 시작했다. 오후 4시, 바다로 되돌아왔지만 바람이 점차 북쪽으로 바뀌어 불고 있었기 때문에 뱃머리를 남동쪽으로 돌려야만 했다. 18일, 오전까지는 해안을 볼 수 없었다. 바다는 조용했고, 대기는 맑았다. 동쪽에서 상당히 큰 너울이 밀려왔으며 200패덤 길이의 줄로 수심을 잴 수 없었다. 밤 동안 북동쪽으로 배를 몰았다. 20일에 북쪽으로 방향을 틀고 가던 중 북서쪽에 있는 땅이 보였는데 세 개의 섬으로 이루어져 있는 것 같았다. 그러나 더 가까이 다가가니, 가장 서쪽에 있는 두 개는 본토와 연결된 것이 분명했다. 그러나 최북단의 섬이 육지와 연결되어 있는지는 불확실했기 때문에 의문의 섬Doubtful Island이라고 이름을 붙였다.

이 섬의 남서쪽에는 모래사장이 있고, 나머지 해안가도 거의 비슷 | 1791. 10. 20.
했다. 그러나 북동쪽은 겉보기에는 낮고 평평한 지면 위로 험준한 | 의문의 섬
바위투성이의 높은 산들이 따로 무리를 지어 있고 숲이 잘 발달되어 있어서 달랐다. 특히 의문의 섬의 뒤편에 있는 땅이 상당한 거리를 경사져 있었는데, 낮고 평평한 지역 내지 깊으면서 배가 피난하기에 좋은 만을 형성하고 있었다. 정오에, 최북단에 있는 산들의 무리에서 뻗어 나온 높은 절벽 포인트는, 최서단으로 뻗어 있는 산들의 무리(그때 가장 동쪽에 있는 땅이 보였는데 나침반으로는 북동 24°)와 서로 분리된 것처럼 보인다. 이 포인트는 북서 67° 방향으로 9리그는 떨어져 있다. 그리고 의문의 섬에서 멀리 떨어진 동쪽 포인트와 가장 서쪽 땅의 끝자락은 육안으로 보였으며 남서 73°에 위치하고 있었다. 해안가에서 가장 두드러진 포인트는 위도 34° 23′, 경도 119° 49′에 있으며[24] 나중에 후드

---

24) 오늘날 호주 남서 해안의 브레머만(Bremer Bay) 근처이다.

제독25)의 이름을 따라 포인트 후드Point Hood로 명명했다. 저녁 6시에 보이는 가장 가까운 땅은 바위섬으로 둘레가 2마일 가량 되었고, 나침반으로 북동 8° 방향으로 8마일 거리에 있었다.

1791. 10. 21.
터미네이션섬

21일 남남동 방향에서 가벼운 바람이 불어 뭍으로 향할 수 있었으며, 9시경에는 수심 60패덤 깊이에 닻을 내렸다. 이제 보이는 육지는 그 끝이 나침반으로 북서 방향에서 동미북26)으로 5-6리그 거리에 있다. 북쪽과 동북동 사이가 다소 벌어진 듯하지만, 그래도 이곳이 본토가 되는 듯했다. 육지가 아침에는 동쪽에 있었으나 지금은 나침반으로 측정해서 북동 87°에 8마일 떨어진 곳에 있으며, 바위섬으로서 둘레는 1리그 정도 돼 보였다. 이 해안에 대한 조사가 종료되었으므로 터미네이션섬Termination Island이라고 부르기로 했다. 해안은 파도가 많이 들이쳤고, 해안과 본토 사이 위도 34° 32′, 경도 122° 8½′ 북동 84°에 작고 낮은 섬이 있었다. 이 낮은 지역 전체는 나무와 초목이 부족했고 흰색과 갈색이 섞여 있는데, 이는 그 섬을 구성하는 모래나 바위의 색이 다르기 때문으로 보였다.

이때쯤 날씨가 아주 좋아졌고 동쪽에서 가벼운 바람이 불어와 배가 해안에서 다소 멀어졌다. 이 바람은 굽어보이는 해안쪽으로 배가 나아가는 것을 힘들게 만들었다.

1791. 10. 23~26.
빗나간 폭풍 예고

23일 바람이 서쪽 뱃전에서 잠잠해져서 동북동으로 배를 몰았다. 하지만 정오에 갑자기 남쪽으로 바람이 바뀌어 그 방향으로 매우 큰 너울이 발생했다. 이는 폭풍우가 몰아칠 것을 예고하는 것으로 디스커버리호가 신호를 보내어 채텀호에게 합류를 요청했고, 같이 동남동으로 진로를 바꿨다.

---

25) 후드 제독(Admiral Hood)은 제1대 자작 사무엘 후드(Samuel Hood, 1st Viscount Hood, 1724~1816)로 추정된다.

26) 동미북(East by North)은 동에서 북으로 11° 15′의 방위를 의미한다.

이 해안에 대한 추가 조사 일정을 모두 취소하고 태평양으로 나아갔다. 그러나 거친 날씨에 대한 걱정은 빗나갔다. 날씨는 여전히 쾌적했으며 서쪽 방향에서 연풍이 불어 남동쪽으로 선수를 돌렸다. 26일에는 나침반으로 동남동 10-12리그 떨어진 곳에 있는 밴디먼스랜드Van Diemen's Land 현재의 타스매니아섬를 볼 수 있었다. 그날 오후에야 비로소 그 땅을 분명히 구별할 수 있었다. 저녁 7시쯤 키를 남서쪽으로 돌린 다음 침로를 유지하였다. 밤에는 거의 고요했고, 육지에서 3-4리그 이내지만 수심은 130패덤 이상이었다.

함장은 더스키만Dusky Bay 뉴질랜드 남서쪽의 만을 방문하기로 했는데, 판자용 목재, 텐트 버팀목용 스파[27] 등을 조달하기 위한 목적도 있지만, 무엇보다도 아픈 사람들의 원기회복을 돕기 위해서였다. 이때쯤에는 이질이 상당히 누그러들었지만, 그래도 이질로 고생한 사람들은 매우 지치고 쇠약해져 있었다.

---

[27] 스파(spar)는 원재(原材)라고도 하며, 배에서 쓰이는 돛대 등의 튼튼한 재목을 가리킨다.

뉴질랜드 탐사

3.1 뉴질랜드 해안 관측

1791. 11. 2.
뉴질랜드 해안 관측되다

11월 2일 오전 9시경, 나침반으로 동남동 12-14리그의 거리에 뉴질랜드 해안을 볼 수 있었다.[1] 지금까지는 날씨가 좋았고 바람도 잘 맞았지만, 현재는 극도로 안개가 자욱했다. 남서쪽의 흔들바람을 맞으며 돛을 모두 올리고 육지를 향했으나, 오후 1시가 되어서야 시야에 육지가 명확하게 들어왔다. 저녁이 되자 북북서 방향으로 바람이 바뀌었고, 잔잔한 가운데 가벼운 바람이 간혹 불자 보트를 끌어내려 배를 견인했다. 9시쯤에는 파실만[2]으로 들어가는 후미의 수심 40패덤의 부드러운 바닥에 닻을 내렸다. 11시경에는 채텀호도 닻을 내렸는데 디스커버리호 근처였지만 수심은 60패덤이었다.

1791. 11. 3.
강풍을 만나다

함장 밴쿠버, 중위 브로튼, 그리고 위드비Whidbey[3]는 그들의 용무에 가장 적합한 장소를 찾고자 보트를 타고 나갔다. 보트로 돌아왔을 때, 대포 두 발의 포성에 매우 놀랐고, 배 두 척 중 하나 혹은 둘 다 이 정박지에서 움직였다고 결론을 내렸다. 섬을 지나자 그들의 판단이 부분적으로 옳았다는 것을 깨달았다. 채텀호는 움직이지 않고 디스커버리호만 닻이 고정되지 않아, 보트가 디스커버리호에 도착했을 때인 한 시경에 배는 파이브핑거 포인트Five Finger Point와 거의 나란히 있었다. 배가 움직여서 두 번째 닻을 내렸으나, 수심이 70패덤을 넘어 배가 멈추지 않았다. 곧 돛을 올릴 수 있었고 북북서에서 큰 센바람이 불었고, 함장은 심한 스콜에도 불구하고 해질녘 전에 파실만에 그들이 의도한 위치에 도달하기를 바랐다. 심한 스콜이 불면서 5시경, 포어-톱

---

1) 밴쿠버 일행이 탐사한 뉴질랜드는 남섬의 남쪽 끝단 지역이다.
2) 파실만(Facile Harbour)은 뉴질랜드의 남서단에 있다.
3) 디스커버리호의 마스터

세일[4]을 묶는 시트 블럭[5] 용도의 도르래 줄이 날아가고, 스테이세일[6] 시트와 핼야드[7]도 끊어졌다. 그리고 앞돛대의 스테이세일도 찢어졌다.

강풍이 계속 불어와 피해 복구에 어려움을 겪자, 곧바로 바람이 불어가는 방향에 있는 앵커아일랜드 만Anchor Island Harbour으로 향했고, 서쪽 입구로 들어가 만 어귀 수심 26패덤의 부드러운 진흙 바닥에 닻을 내렸다. 만의 끝에 있는 섬에서 약 40야드 떨어진 곳에 케이블[8]의 절반 정도를 풀자 선미쪽의 수심은 13패덤에 불과했다. 배는 선수에서 만의 끝부분까지, 그리고 선미측에서 각 방향으로 나무에 굵은 밧줄로 묶어 고정하였다. 밤사이 강풍은 더욱 심해졌고 아래쪽 야드[9]와 톱 갤런트 마스트[10]를 내리는 것이 적절했음이 밝혀졌다.

> **1791. 11. 4.**
> **밴쿠버 함장, 채텀호 안위를 알게 되다**

채텀호를 걱정하면서 밴쿠버 함장은 4일 오전에 페트렐제도Petrel Islands로 노를 저어서 갔다. 육지를 가로질러 걸어가서 채텀호가 안전한 것을 보고는 안심했다. 그러나 배가 바람이 불어오는 쪽으로 서있는 데다 강풍이 심해져 브로튼 중위는 배에 탈 수 없어, 일행은 디스커버리호로 돌아와야만 했다. 닻줄을 더 이상 풀 수 없고 배 후미가 암초에 부딪힐까 봐 톱마스트의 돛을 내렸다. 북서에서 계속해서 부는 강한 바람 때문에 뱃머리의 작은 닻을 아래로 내렸다.

---

4) 포어톱세일(fore-topsail)은 앞돛대의 가운데 돛대에 다는 돛이다.

5) 시트 블록(seat-block)은 돛의 각도 조정용 밧줄 뭉치이다.

6) 스테이세일(stay-sail)은 삼각형의 세로돛이다.

7) 핼야드(haulyard 또는 halyard)는 마룻줄이라고도 하며 돛이나 활대, 기를 올리고 내리는 밧줄이다.

8) 케이블은 100패덤(1해리의 1/10, 600피트) 혹은 120패덤(720피트)의 길이로 하나로 연결된 앵커용 닻줄로서, 길이의 단위(cable's length)로도 쓴다.

9) 야드(yard)는 돛의 가로대 또는 활대로 돛을 평평하게 펴는 역할을 한다.

10) 톱 갤런트 마스트(top gallant mast)는 톱 마스트 위에 다는 작은 돛대이다.

**1791. 11. 5.
채텀호, 파실만에 입항하다**

저녁에는 바람이 다소 잦아들었지만, 그다음 날인 5일 토요일 아침에는 왕바람이 너무 심해져서 톱마스트 돛을 내려야만 했고, 야드와 톱 갤런트 마스트를 갑판의 앞뒤에 두어야 했다. 대단한 허리케인이었다. 5시부터 8시까지 폭우가 쏟아지고 9시경에는 거친 돌풍으로 배가 심하게 좌우로 요동치기 시작했다. 번개와 천둥을 동반한 폭풍이 그치고, 날씨가 차츰 견딜 만해졌다. 비로소 브로튼 중위는 채텀호로 돌아갈 수 있게 되었고, 배가 지독한 폭풍을 완벽히 안전하게 견뎌낸 것을 알고는 기뻐했다. 채텀호는 즉시 닻을 올리고 파실만으로 입항했다. 그러나 디스커버리호는 돛대가 완전히 부러졌다. 밴쿠버 함장의 원래 의도는 파실만으로 가는 것이었지만 현재 위치를 유지하며 더 이상 지체하지 않고 몇 가지 필요한 수리를 하는 것이 적절하다고 생각했다. 다행히 이 해안에서 필요한 물품들을 모두 구할 수 있었고, 돛과 삭구 등을 수리하고, 연료로 쓸 나무와 스파용 목재를 자르는 등 중요한 일을 수행하는 데 필요한 사람들을 즉시 투입했다. 물고기를 잡기 위해 매일 네 사람이 작은 보트를 타고 나갔으며 항상 충분한 양을 잡아서 돌아왔다.

**1791. 11. 13.
쿡 함장이 탐사하지 않은 땅**

13일, 밴쿠버 함장, 브로튼 중위, 그리고 장교들과 탐사대원의 일행이 두 척의 보트를 타고 이 넓은 만을 탐사하러 나갔다. 쿡 함장이 철저히 조사하지 않은 유일한 지역으로, 가능한 한 '아무도 뭔지 모른다'Nobody Knows What라고 명명한 북쪽의 만 윗부분을 탐사하고자 했다. 쿡 함장이 발견한 어패런트섬Apparent Islands이 있는 그 만은 두 개의 부분으로 나눠진 것을 알게 되었는데, 그 땅은 반도로서 아주 높고 좁은 산등성이로 본토에 연결되어 있었다. 브로튼 중위가 조사한 남쪽 지역은 굽이졌는데, 처음 3.5마일 가량은 거의 동북동 방향으로 나 있으며, 0.5리그 정도는 동남동으로 굽어졌다. 북쪽 지역으로 간 밴쿠버 함장은 북동 방향으로 5마일이 거의 직선으로 나 있으며, 0.5리그 정도 북쪽으로 돌아서 북서쪽에 아주 얕은 물이 있는 작은 만으로 끝이 나는 것을 발견했다. 이 만의 머리 부분을 밴쿠버 함장은 쿡 함장이 지은 명칭에 답하는 의미로 이 땅을 '누군가는 그것을 안다'Somebody Knows What라고 불렀다.

　15일 화요일 오후, 매우 쾌적한 날씨에 탐사를 마치고 돌아왔다. 하지만 이전에 이곳에 거주했던 원주민들의 흔적을 발견하지 못해서 매우 실망했다. 채텀호의 장교들은 파실만 근처에서 허물어진 오두막 한두 채를 보았으나, 최근에 사람이 살았던 흔적은 발견하지 못했다.

> 1791. 11. 15.
> 주인 없는 오두막

3.2 앵커아일랜드만과 파실만

　17일, 앵커아일랜드만을 조사했다. 그 만은 사고로 인해 파실만에 들어가지 못할 수도 있는 선박에게 편리한 피난처인 것으로 보

> 1791. 11. 17.
> 앵커아일랜드만 조사

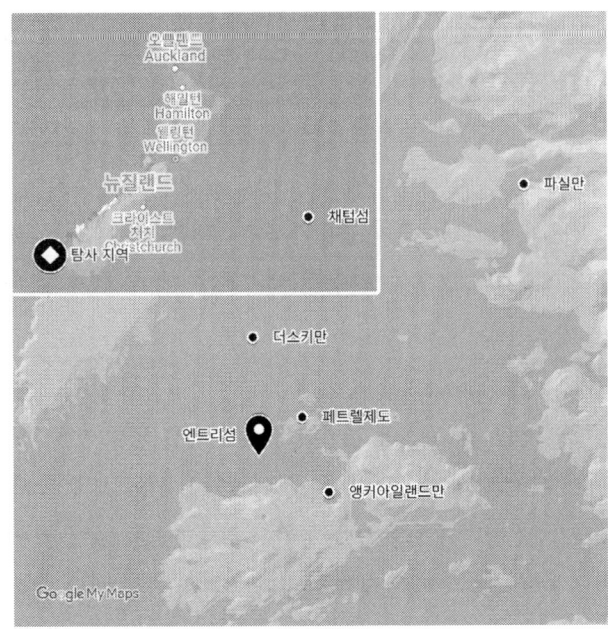

[지도 4] 파실만과 앵커아일랜드만 일대

인다. 두 개의 입구가 있는데, 하나는 페트렐섬의 북쪽에 있으며 매우 깊지만 항해하기 좋은 맑은 해협이고, 남쪽에 있는 다른 하나는 강한 북풍 때문에 파실만보다는 덜 선호될 것이다. 그런 경우(구체적으로 앵커아일랜드만으로 들어올 경우), 큰 페트렐섬의 남서 지점에 배를 가까이 둬야 하는데, 이는 만 한가운데에 수면 위로 드러난 바위를 헤쳐 나가고, 동시에 간조 시에 12피트를 넘지 않는 물에 잠겨 드러나지 않는 바위를 피해야 하기 때문이다.

물에 잠긴 바위와 포인트 사이는 16패덤 깊이이며, 포인트는 바위로부터 ¾ 케이블 정도가 되고, 밴쿠버 함장이 엔트리섬Entry Island이라고 부른 곳 방향에 있다. 만에 보이는 바위를 노스엔트리섬North Entry Island이라 부르는 그곳과 일직선으로 관측하면 물에 잠긴 암초를 피하기에 충분할 것이다.

**1791. 11. 18.
디스커버리호 근황**
디스커버리호가 하던 일이 거의 마무리되어, 18일 아침 좋은 날씨와 남남서에서 불어오는 산들바람을 맞으며 만을 떠났다. 채텀호가 아직 출항하지 않고 있어, 밴쿠버 함장은 디스커버리호를 파실만에 채텀호와 나란히 두기를 원했지만, 바람이 불지 않았고, 섬쪽으로 밀물이 들고 있었기 때문에 의도한 것보다 더 일찍 38패덤 깊이의 부드러운 바닥에 정박해야 했다.

**1791. 11. 19.
채텀호 근황**
19일, 채텀호는 출발 준비가 되어, 템페스트섬Tempest Island 근처의 정박지로 움직였으나, 폭풍이 계속 몰아쳐 파실만으로 돌아가야만 했다.

**1791. 11. 20.
디스커버리호, 채텀호와 함께 파실만에 정박하다**
20일 남서에서 흔들바람이 불어와서 아주 큰 너울이 발생했고, 바람에 피해를 입을까 염려해서, 디스커버리호는 닻을 올리고 파실만으로 들어가, 채텀호 근처 수심 38패덤의 부드러운 바닥에 닻을 내렸다.

3.3 뉴질랜드 근처의 섬들

날씨가 계속 좋지 않다가, 22일 정오 무렵 북서에서 산들바람이 불어오자, 두 배는 더스키만에서 출항했다.

> 1791. 11. 22.
> 폭풍 속에서 오타헤이트로 향하다

밴쿠버 함장은 뉴질랜드와 인근 지역의 항해가 이번이 다섯 번째였지만, 이전에는 이렇게 격렬한 폭풍과 거칠고 사나운 날씨와 싸운 적이 없었다. 육지에서 멀어질수록, 북서풍이 강해졌고, 그 후 강풍 속에서 디스커버리호는 채텀호를 시야에서 놓쳤다. 오타헤이트Otaheite 오늘날 타히티제도의 마타바이만Matavai Bay이 다음 만남의 장소였다. 밴쿠버 함장은 브로튼 중위에게 최선을 다해 그 항구로 가라고 명령했다.

디스커버리호는 남남동쪽으로 항해했고, 놀랍게도 24일 11시경에 2-3리그 거리에서 육지를 발견했다.

> 1791. 11. 24.
> 디스커버리호, 바위섬을 스네어즈라 명명하다

까도가 강렬하게 해안에 부서졌다. 바위투성이의 섬이거나 바윗덩어리 자체로 보이는 일곱 개의 섬은 완전히 황폐해보였고, 북동 71°와 남서 70° 방향으로 6마일 정도 뻗어 있었다. 최북단 섬이 가장 컸으며, 나머지 섬 모두를 합한 크기로 추정되었다. 섬들은 남쪽 곶에서부터는 남서 40°, 19리그, 위험지역의 최남단에서부터 남서 62½°, 20리그에 위치해 있었다. 이 지역에 흔한 듯한 거센 날씨에 승무원들이 방심하면 치명적일 수 있다는 사실과 위험한 위치 때문에 이곳을 스네어즈Snares[11]라 이름 지었다.

25일, 날이 밝자 북동으로 이동했고 정오에 관측한 위도는 48° 18′, 경도는 169° 33′이었다.

> 1791. 11. 25.
> 디스커버리호, 마지막 양을 바다에 버리다

---

11) 스네어(snare)는 함정이라는 뜻이다. 스네어즈제도는 뉴질랜드 남섬에서 남쪽으로 200km 지점에 위치한 무인도로 노스이스트섬(North East Island)과 브로튼섬, 웨스턴 체인제도(Western Chain Islands)를 포함한다.

디스커버리호는 적재한 양에 관한 한 운이 없었다. 포츠머스에서 실은 서른 마리의 양 중, 두 마리만 식사에 사용되었고, 그 나머지는 적도에 도착하기 전에 죽었으며, 마지막 한 마리가 이날 배 밖으로 던져졌다. 희망봉에서 받은 같은 수의 숫양도 마찬가지로 운이 없었다. 숫양 대부분은 남양군도South Sea Islands에 있는 친구들에게 선물하려 한 것이었다.

1791. 12. 8~22.
디스커버리호, 오파로섬 원주민과 조우하다

12월 8일부터 21일까지는 날씨가 매우 변덕스러웠으나, 그 후 날씨가 쾌적해졌다. 우리는 북상하여 22일 주간에 나침반으로 북동북 0.5° 위치에서 육지를 관측했다. 처음에 그 육지는 세 개의 작은 높은 섬처럼 보였다. 오후 3시, 해안에서 약 1리그 내에 있었지만, 180패덤에서는 바닥에 닿지 않았다. 카누 몇 척이 우리 항해자들을 방문했다. 그들을 배에 타도록 설득하지는 못했지만, 항해자들을 육지에 몹시 초대하고 싶어 하는 듯이 보였다. 초대에 응할 목적으로 배를 저어 가니, 곧 두세 척의 다른 카누가 배로 오는 것이 보였다. 이 중 네 사람이 가까이 다가오기에, 선물을 주었는데, 그 선물에 매우 기뻐하는 것 같았다. 끈질기게 권하고 우호 관계를 확인시키자, 이 원주민 중 한 명이 배에 탔다. 배에 있는 동안 감탄을 하면서도, 불안이 뒤섞여있었다. 그러나 카누로 돌아가서는 그가 받았던 환대를 동료에게 설명했고, 디스커버리호는 곧 그들이 용이하게 대접할 수 있는 만큼의 손님을 맞이하게 되었다.

방문객들은 구슬, 거울 등과, 특히 철제품을 좋아하는 것 같았는데, 철의 가치를 잘 알고 있었다. 그들은 몇 개의 창과 한두 개의 곤봉을 제외하고는 완전히 비무장이었다. 창과 곤봉도 한두 척의 카누에만 실려 있었고, 변변치 않은 돌멩이 쏘는 끈이 두세 개 있었는데, 그것마저도 기꺼이 두고 내렸다. 항해자들의 질문에 대한 그들의 답은 매우 불만족스러웠다. 현재 얻은 불완전한 정보에

따르면, 섬의 이름은 오파로Oparo[12](따라서 현재 그렇게 부르기로 했다)이고 족장의 이름은 호리Horie였다.

밴쿠버 함장은 남풍이 부는 좋은 기회를 놓치지 않고, 작은 섬인 오파로에서 투묘지를 찾지 않고 돛을 모두 펴고 북북서로 항해했다. 25일에는 듀크 오브 글로스터섬[13] 근처에 도착했다. 다음날 저녁, 바람이 북동에서 방향을 바꾸었고, 돌풍과 함께 매우 많은 비가 내렸다. 다음날 아침, 마타바이 또는 오스나부르그섬 Osnaburg Island[14]이 시야에 들어왔고, 즉시 오타헤이트를 향해 키를 돌렸다.

> 1791. 12. 25.
> 디스커버리호, 오파로섬을 떠나 오타헤이트로

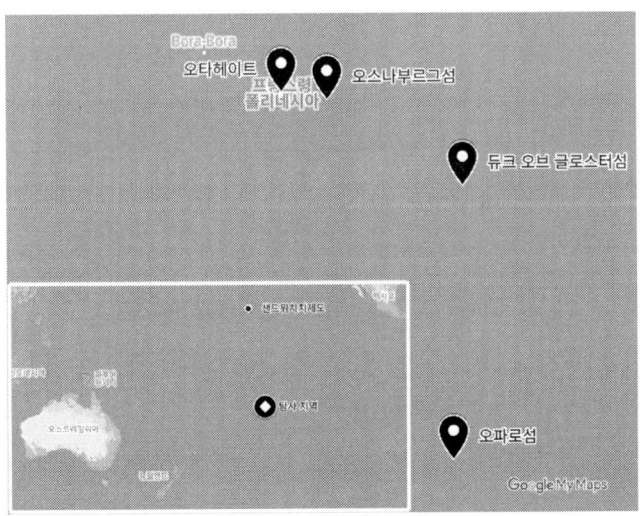

[지도 5] 오파로섬과 오타헤이트

---

12) 오파로는 프랑스령 폴리네시아에 속한 바스제도(Bass Islands)에서 제일 크고 유일한 유인도인 라파(Rapa)섬의 옛 이름이다.

13) 듀크 오브 글로스터제도(The Duke of Gloucester Islands)는 프랑스령 폴리네시아의 투아모투(Tuamotu)제도에 부속된 섬으로 타히티제도의 남동쪽에 위치한다.

14) 오스나부르섬으로도 표기하며 현재의 메히티아(Mehetia)섬으로 프랑스령 폴리네시아의 윈드워드제도(Windward Islands)에 속한 화산섬이다. 타히티제도의 남쪽에 있다.

오타헤이트 방문

4.1 채텀호의 단독 탐사 항해

1791. 12. 30.
디스커버리호, 채텀호와 랑데부

30일, 북동에서 부는 산들바람을 맞으며 마타바이만으로 향했다. 8시경에 카누 한 척이 다가왔는데, 돼지 두 마리와 야채를 싣고 있었다. 그것은 그 당시 일행의 배가 나란히 하고 있던 섬에 살고 있는 오투의 누이가 보낸 선물이었다. 원주민들은 영국 선박 한 척이, 일행이 올 것을 알려주어서 이틀 동안 그들을 찾고 있었다고 말했다. 밴쿠버 함장은 채텀호가 디스커버리호보다 먼저 도착한 것이라 결론을 내렸다. 브로튼 중위의 방문으로 기쁜 소식이 확인되었고, 중위는 이 비옥한 지역의 신선한 제철 식량을 가져다주었다. 디스커버리호는 10시경 마타바이만에 정박했다.

1791. 11. 23.
채텀호의 단독 탐사 항해

두 배가 떨어져 있는 동안[1] 브로튼 중위는 궂은 날씨를 만났으며, 채텀호에는 줄곧 물이 스며들고 있었다. 23일 오후 2시쯤, 갑판에서 높은 섬처럼 보이는 땅을 발견했는데, 나침반으로 남남동 3-4리그에 위치했다. 약 한 시간 후 남쪽으로 나 있는 또 다른 땅을 발견했다. 그 땅은 이전의 땅과는 분리되어 있었으며, 그쪽으로 가려고 애썼지만 불가능해서 높은 섬과 분리된 땅 사이로 지나갔다. 분리된 뭍은 다섯 개의 작은 섬 혹은 바위로 이루어진 것으로 밝혀졌고, 몇 개는 피라미드 모양이었다. 이 섬은 척박해 보였고 사람이 살지 않는 것으로 보였다. 해군의 나이트 함장을 기리기 위해 브로튼 중위는 그 섬을 나이트섬Knight's Islands이라고 이름을 붙였다.

[이 섬들은 디스커버리호가 몇 시간 전에 지나간 곳으로, 밴쿠버 함장이 스네어즈라는 이름을 붙인 섬들이다.]

---

1) 오타헤이트로 항해하는 도중 헤어져서 따로 항해했던 브로튼 중위와 채텀호의 상황을 기록했기 때문에 기록이 날짜순으로 되어 있지 않다.

29일 이른 아침 수심 40패덤의 바다 선상에 | **1791. 11. 29.**
서 나침반으로 북동에서 동북동으로 나 있는 | **채텀호, 원주민들이 보이는 만으로 들어가다**
낮은 뭍을 발견했다. 4시쯤에는 수심 38패덤이 되었으며 모래와 부서진 조개
껍질이 있는 바닥이었다. 이 땅의 북서 지점(낮은 곳)이 나침반으로 남동 7°를 가
리키며, 포어야드[2])에서 내려다보며 처음으로 그 땅을 발견한 사람의 이름을 따
서 브로튼 중위가 포인트 앨리슨Point Allison이라 칭한 곳에서 약 3리그 떨어져 있
었다. 남동 60°의 놀랄 만큼 험준한 바위산은 패터슨산Mount Patterson으로 이름
지었다. 남동 84°의 설탕 덩어리처럼 생긴 언덕과 북동 75°에 가파른 곳을 형
성한 동쪽으로 난 끝부분이 있었다. 두 섬은 북동 3°에서 북동 5°로 2-3리그
거리에 위치했다. 눈에 띄는 돌출부를 형성하며 섬의 최북단에 위치한 이 곳은
위도 43° 48', 경도 183° 2'에 위치하며 영곶Cape Young이라고 이름 지었다. 완
전히 바위로 이루어져 있고 여러 종류의 새들이 많이 찾는 두 섬은 서로 매우
가까이 위치해 있기 때문에 두자매Two Sisters라고 이름 지었다.

케이프 영에서 동미북으로 항해하며 아주 높은 땅을 지나갔다 약 10리그를
항해한 후, 작은 모래만과 배를 나란히 하게 되었다. 몇몇 사람들이 바람 부는
쪽으로 카누를 움직이고, 또 다른 사람들이 바위 뒤에 있는 것이 망원경으로 관
측되었다. 그로 인해 브로튼 중위는 그 만으로 들어가기로 결정했고, 해변으로
부터 약 1마일 떨어진 곳에 있는 모래와 바위 밑바닥의 20패덤에 닻을 내렸다.
정박지로부터 동쪽 지점은 섬의 끝임이 밝혀졌고, 매닝스 포인트Mannings Point라
이름 지었으며, 나침반으로 매닝스 포인트는 북동 78°, 영곶은 서남 12°로, 만
은 좌측으로 남동쪽에 있다.

---

2) 포어야드(foreyard)는 앞돛대의 맨 아래 활대이다.

제4장 오타헤이트 방문

**브로튼 중위,
채텀섬 원주민과 조우하다**

　　브로튼 중위는 마스터와 마스터 보조병 한 명을 데리고 커터[3]를 타고 해변으로 나아가 우현쪽 해변의 바위 위에 상륙했다. 그곳에서 처음으로 반대쪽에 있는 원주민을 보게 되었다. 그러나 원주민들이 카누를 점검하는 것을 보고, 브로튼 중위와 일행은 급히 만을 돌아가서 보트를 타고 원주민이 도착하기를 기다렸다. 그들은 다가오면서 시끄러운 소리를 냈고, 우리 일행과 손짓발짓으로 의사소통을 하려 했으나 끝내 서로 이해할 수 없었다. 브로튼 중위는 그들에게 선물을 주었고, 원주민들은 기꺼이 즐거워하며 받았으나 답례하지는 않았다. 일행이 뭍에 상륙하기를 간절히 바라는 듯해서, 마스터 보조병이 자신의 무기를 보트에 두고 내렸다. 오직 두 명이 브로튼 중위를 수행했으며 약 40명의 나머지 승무원들은 보트와 같이 남아 있었다. 마스터 보조병이 돌아오자, 브로튼 중위와 마스터는 자신들의 주거지를 방문해주기를 바라는 원주민의 마음에는 동의했지만, 선물을 받고 답례로 아무것도 주지 않은 것과, 긴 창으로 무장한 것으로 보아, 그들에게 가는 것은 경솔하다고 생각했다. 특히 어떤 적대적인 의도가 있는 경우에는 상황이 불리했다. 통상적인 형식으로 섬을 점유한 후, 채텀 백작을 기리기 위해 채텀섬[4]이라는 이름을 부여했다.

채텀섬 원주민의 특성

　　원주민에 대해 말하자면, 남자들은 중간 정도의 몸집이었다. 어떤 이들은 다부진 몸집에 건장한 팔다리에는 살집이 있었다. 머리칼과 턱수염이 모두 검고, 어떤 이들은 길게 길렀다. 젊은이들은 머리카락을 머리 꼭대기에 매듭으로 묶고, 검은 깃털과 흰 깃털을 섞어 꽂았다. 그들의 용모는 평범했고, 치아는 대체로 나빴으며, 얼굴색과 일반적 피부색은 짙은 갈색이었다. 피부에는 아무 표시도 하지 않았으며, 옷은 물개나 곰 가죽에 회향풀을

---

3) 커터(cutter)는 모선에 싣고 다니는 범선의 일종으로, 돛대 하나에 앞돛이 두 개 이상이며 속도가 빨라 군사작전용으로 많이 쓰였다.
4) 뉴질랜드 동남쪽에 위치한 채텀제도(Chatham Islands)에서 가장 큰 섬이다.

사용하여 묶었다. 안 가죽을 겉으로 내어 목둘레를 두르고 엉덩이 아래까지 흘러내리게 했다. 가죽이 아닌 매트를 같은 방식으로 묶어서 등과 어깨를 덮기도 했다. 어떤 사람은 잘 짠 매트의 끝부분을 끈으로 동여매어 허리를 감싼 것 외에는 거의 벌거벗고 있었다. 또 어떤 이들은 수염을 뽑기도 했다. 부락은 보지 못했지만, 섬의 이 부분은 임시 거주지인 듯했다.

보트를 타기 전에 원주민들이 적대적인 성향을 드러냈고, 브로튼 중위는 공격 당하는 것을 피하기 위해 작은 탄알을 장전해서 한 방을 발사했다. 이는 해치기보다는 위협하려는 것으로 더 이상의 방해 없이 보트를 탈 수 있기를 희망하는 것이었으나, 그들은 계속해서 공격해왔다. 원주민의 난폭한 몽둥이질 탓에 존스톤 마스터가 소지한 머스킷 총이 충격을 받았고, 다시 공격받았을 때는 존스톤 마스터가 총을 쏘아야만 했다. 해병대원과 나머지 승무원도 비슷한 상황에 처해 총을 발사하였다. 보트를 책임지고 있던 승무원이 이런 상황을 보고 즉시 발사하였고 원주민들은 도망쳤다. 그중 한 사람은 총알이 팔을 부러뜨리고 심장을 관통하는 바람에 죽었다. 배로 돌아와서 남서쪽에서 불어오는 강풍을 타고 항해를 시작했다.

> 원주민과의 마찰

26일 8시, 수심 2½패덤에 있는 돌핀 뱅크Dolphin Bank[5]를 피해서 마타바이만으로 들어갔다. 9시에 수심 8패덤의 검은 진흙 바닥에 투묘했고, 채텀호보다 더 우수한 항해 조건을 가진 디스커버리호가 도착하지 않은 것을 알고 다소 실망했다.

> 1791. 11. 26.
> 채텀호, 마타바이만에 입항하다

28일 아침 브로튼 중위는 어린 오투Otoo[6]에게

> 1791. 12. 28-29.
> 채텀호, 오타헤이트 원주민에게 환대 받다

---

5) 뱅크(bank)는 수중에 잠겨있는 모래톱 같은 장애물을 가리킨다.
6) 포마레 2세(Pōmare II, c.1782~1821)의 재위기간은 1782년에서 1821년이다. 1819년 기독교로 개종하였고, 영국인 선교사들의 지원은 그의 통치권 강화에 도움이 되었다.

서 돼지 두 마리와 과일을 선물 받았다. 아버지 오투[7]는 이제 포마레[8]가 되어 에이메오Eimeo에 있었다. 다음 날 아침, 그는 오파라이에서 온 어린 오투에게서 또다시 돼지와 과일을 선물로 받았다. 그리고 저녁에는 날씨가 좀 더 온화해져서, 일행은 포인트 비너스Point Venus[9] 뒤쪽에 상륙했고, 그곳에서 원주민들에게 친절하고 성대한 대접을 받았으며, 매우 합리적인 조건으로 필요한 만큼의 물자를 공급받았다.

4.2 옛 친구 포마레와 오투 왕을 만남

오타헤이트의 통치자를 만나다

밴쿠버 함장은 1777년 그가 오타헤이트를 떠날 때 알던 친구의 대부분이 남녀를 불문하고 죽은 사실을 알고서는 비탄에 잠겼다. 오투와 그의 아버지와 형제자매, 포타토우Potatow와 그의 가족이 옛 지인 중 현재 살아 있는 통치자였다. 오투는 새로 얻은 소유지인 에이메오 또는 모레아Morea로 물러났고, 그의 장남이 오타헤이트와 모든 이웃 섬들의 통치자로 남게 되었다. 디스커버리호를 안전하게 정박하고는 밴쿠버 함장, 브로튼 중위 그리고 위드비 마스터는 즉시 텐트를 칠 적당한 장소를 정하고, 전령을 통해 이미 그들의 도착과 방문의사를 전달받은 오타헤이트 국왕에게 문안인사차 나갔다. 전령은 함장에게 바치는 평화를 의미하는 돼지 한 마리와 바나나 잎을 가지고 돌아왔다. 또

---

[7] 타히티의 포마레 1세(Pōmare I, c.1753~1803)로 이름은 오투이고, 1788년에서 1791년까지 타히티를 다스렸다. 1791년 왕위를 양도했으나, 1803년까지 어린 포마레 2세의 섭정으로 있었다. 1789년에 있었던 바운티호의 반란 당시 타히티의 통치자였다.

[8] 포마레(pomare)는 타히티의 왕을 의미한다.

[9] 제임스 쿡 함장의 1차 세계 일주 항해의 목적에는 타히티에서 개기월식 때에 금성의 운행을 관측하여 태양에서 지구까지의 정확한 거리를 산출해내려는 시도가 포함되었다. 1769년 6월 3일 쿡 함장은 천문학자 찰스 그린(Charles Green)과 함께 마타바이만에서 금성을 관측했고, 그 지점이 포인트 비너스이다.

한, 축하 연설과 함께 그 나라가 생산하는 모든 음식물을 제공하겠다는 제의도 가져왔다. 이야기 도중 일행은 어린 오투가 약 9살에서 10살의 소년이라는 것을 알게 되었다. 오투는 남자의 어깨에 앉아 이동했고, 잉글리시 레드[10] 색의 천을 걸치고 있었는데, 그의 어깨에는 비둘기의 깃털 장식이 달려 있었다.

우리 측에서 가져간 선물은 비록 시종들에게는 많은 찬사를 받았지만, 어린 왕은 근엄하고 냉담한 표정으로 관심을 보이지 않았다. 양쪽에서 인정된 어떤 사전 의식이 행해지고 이로써 평화와 상호 우정의 비준이 행해지고 나서야 비로소 선물이 전달되었다. 그러자 왕의 표정이 즉시 변하였고 우리와 악수를 하고 아주 쾌활하고 친절하게 맞아주었다.

어린 왕 오투는 밴쿠버 함장에게 아버지를 위해 모레아로 배를 보내달라고 요청했고, 즉시 약속이 이뤄졌으며 이에 따라 일등 중위 머지와 디스커버리호 선의 멘지스는 31일 토요일에 포마레 오투를 모시러 파견되었다. 그들은 포마레와 함께 1792년 1월 2일에 돌아왔다. 그가 배에 오르기 전, 각 함정에서 4발의 예포를 쏘아 맞이했기 때문에 몹시 기뻐했다. 그는 모레아의 오투 휘하의 군주인 마호우Mahow와 동반하였는데, 마호우는 분명히 건강이 깊고 빠르게 쇠락하였으며, 의자에 앉은 채로 선상으로 옮겨졌고 여섯 명의 사람들에 의해 선실로 내려졌다. 그곳에서 그는 앉거나 서 있을 수 없기 때문에 사물함 위에 침대가 준비되었다. 오투는 함장을 완벽하게 기억했다. 그의 두 아내와 막내 여동생(전자는 마호우의 자매들, 후자는 마호우의 아내)이 오후에 도착했다. 부인들은 그의 두 형제와 여러 족장들과 동행했는데, 각각 함장에게 아주 많은 돼지, 가금류 등을 선물하여 식량을 둘 공간이 거의 없었다. 이 선물에 대해 적절한 답례가 있었다.

> 1791. 12. 31.~1792. 1. 2.
> 포마레 오투를 모셔오다

---

[10] 잉글리시 레드(English red)는 산화철(ferric oxide)이 함유된 붉은 색깔이다.

포마레 오투 왕 일행 접대

저녁식사 때 일행이 너무 많아 선실은 엄청나게 붐볐고, 포마레의 아내들과 마호우의 아내는 식탁에 앉는 것이 허락되었다. 이는 매우 드문 일이었으며, 짐작건대 섬의 다른 어떤 여성에게도 허락되지 않았다. 저녁 식사 도중과 후에 포마레는 아무 것도 섞지 않은 브랜디를 한 병 마셨고, 너무 취해서 네 명의 힘센 남자들이 그를 붙잡고 루미[11](즉, 팔다리와 몸의 살을 압박하는 것)를 해야만 했고, 약 한 시간 정도 잠을 자고 난 후에는, 제법 상쾌하고 술이 깬 것처럼 보였다.

1792. 1. 3.

모레아로 돌아갈 때까지 배를 거처로 삼으려고 했던 왕족 손님들은 많은 수행원들 때문에 매우 불편하게 되었다. 그러나 함장은 약간의 수완을 발휘하여 그들이 배에 머무르는 것을 막았고, 그들을 포인트 비너스로 데려가 초라한 집을 숙소로 잡게 했다. 승무원들은 이제 삭구, 돛 등을 수선하는 일에 시간을 보냈다. 포마레는 목재를 톱질하여 판자로 만드는 것을 보았고, 그의 마음에 들었다. 그는 함장에게 자기를 위해 목수가 큰 상자를 만들어주도록 해 달라고 간청했고, 많은 애원 끝에 그의 소망은 이루어졌지만, 목수는 일을 더 해야만 했다.

1792. 1. 5~6.

날씨가 몹시 거칠어졌고, 바다에서 해안으로 파도가 심하게 치는 바람에, 왕족 일행이 그들의 거처를 정한 곳이 고립되어 버렸다. 비록 수심 8패덤에 정박해 있었지만, 디스커버리호에서는 두 번의 거센 파도로 인해 허리까지 잠겼다. 다음 날 아침(금요일 6일)은 평온해졌고, 날씨는 더욱 안정되어 보였다.

---

11) 타우루미(taurumi)라고 하는 타히티의 전통 마사지를 의미한다.

7일에 밴쿠버 함장은 포마레의 아버지를 방문했는데, | **1792. 1. 7.**
이제 그는 타오Taow라고 불렸다. 함장은 포마레와 그의 | **포마레의 아버지 타오를 방문하다**
두 동생을 동반했고, 이들 세 아들과 그들의 존경스러운 연로한 아버지와의 만남은 큰 감동을 주었다. 이 방문에서 서로 간에 선물을 주었다. 그런 다음, 포마레는 채텀호에 승선하여 브로튼 중위를 방문했고, 그곳에서 마찬가지로 선물이 교환되었다.

현 군주인 어린 오투의 도착이 알려지자, 세 아들과 아버지의 만남과는 매우 다른 장면이 연출됐다. 이 만남에서 허리까지 벗은 채로 사지가 쇠약해져 비틀거리는 할아버지는 굴욕적인 자신의 처지를 차분하게 무심히 바라보고 있는 손자에게 경의를 표했다. 그러나 이러한 행위는 감정과 애정이 부족해서가 아니라 이 섬의 지배자에 대한 예절에 기인한 것이다.

8일, 함장은 이제는 히디카Hidica로 불리는 옛 지인 포아타토우 | **1792. 1. 8.**
Poatatow와 그의 아내와 누이의 예방을 받았다.

4.3 마호우의 장례식

14일에 포마레가 메시지를 보내어, 함장에게 마호우의 사망 소식을 | **1792. 1. 14.**
알렸고, 이에 따라 이들이 의도했던 모레아로의 귀환이 연기됐다. 그 | **마호우의 죽음**
는 몸져누워 있던 상태여서, 그의 사망에 대해 어떤 후회도 거의 남기지 않았다. 현재 오파레Oparre 전역에서 몇 건의 불길이 목격되었다. 이것은 마호우의 사망에 따른 종교적 성격의 의식이었고, 조문객들은 분명히 금제의 시기 동안에 필요한 충분한 식량을 요리하는 데 이용했다. 금제가 내려진 이후에는, 오파레 주민들과 섬의 다른 지역 주민들 사이에 어떠한 소통도 허락되지 않았다. 단 한 척의 카누도 해안을 따라 이동하는 것이 허락되지 않았고, 불을 피우는 것도 허용되지 않았는데, 이는 이 유명한 인물의 죽음에 대한 관심을 매우 잘 보여주는 그런 장례 절차였다.

**1792. 1. 15.
밴쿠버, 장례식에 참석하다**

밴쿠버 함장은 포마레에게 자신과 친구들이 장례식에 참석하겠다는 메시지를 보냈고, 포마레는 모라이[12]에 가 있지만, 참석에는 이의가 없다는 통보를 받았다. 그들은 왕의 모후인 피에레테Fier-re-te와 고인의 미망인이 눈물을 흘리며 앉아서, 전날 저녁에 그런 용도로 제공받은 상어의 이빨로 그들의 머리에 상처를 내며 엄청난 고통을 감내하는 것을 보았다. 그 미망인은 정수리의 일부를 면도했고, 절망의 결과로 그 부분은 피투성이가 되어 있었다. 다섯 명의 사제들이 포마레 앞에 앉아 한 남자의 무릎에 앉아 있는 오투에게 얼굴을 향하며 기도를 올렸다. 그로부터 약 10야드 떨어진 곳에는 그들의 신인 *이투아*가 들어 있는 것으로 추정되는 천 한 뭉치가 놓여 있었다.

잉글리시 레드 천으로 싸여진 마호우의 시체는 카누의 차일 아래에 놓였고, 카누의 앞쪽은 *모라이* 가까이 해변으로 약간 끌어올려졌으며, 카누가 물에 밀려가는 것을 막기 위해 한 남자가 카누 뒤쪽에서 물이 그의 허리까지 차는 곳에 서서 지켰다. 사제들은 목소리를 자주 높이면서 계속해서 기도를 드렸고 아주 높은 어조로 끝맺었다. 그런 다음 시체가 안치된 카누를 뒤따라 서쪽으로 해안을 따라 강어귀에 이르렀다. 그리고 조그만 강으로 들어가서 산기슭에 있는 다른 모라이에로 나아갔다. 그곳에서 신사들의 간청에도 불구하고 그들의 입장이 허락되지 않은 채로, 추가적 의식이 아주 은밀하게 열렸다. 그래서 일행은 탐사를 몇 마일 서쪽 포마레의 거주지로 연장했다. 포마레 거주지에서 그 지역의 난잡한 방식으로 한 무리의 아주 어린 소녀들이 춘 케아바로 환대를 받았다. 이

---

12) 모라이(morai)는 폴리네시아 사회에서 공동체 또는 종교적 목적을 위한 공간을 의미하며, 지역에 따라 마라이(marae, 뉴질랜드의 마오리족, 쿡섬, 타히티), 메아이(me'ae, 마르케사스), 말라에(사모아) 등으로 이름이 조금씩 다르지만, 잡초나 나무를 제거한 공간이라는 뜻을 지닌다. 나무를 베어낸 사각형의 땅 주변에는 돌이나 나무 기둥으로 경계를 쌓는다.

춤 도중에 한 배우가 소녀들 가운데에서 나타나서는 우스꽝스럽긴 했지만 아주 외설적인 방식으로 원주민 구경꾼들을 즐겁게 했다.

4.4 원주민의 절도와 감시 방안

17일, 두 남자가 디스커버리호에서 모자를 훔친 것이 발각되었다. 다른 몇몇 사소한 절도행위들이 일어났기 때문에 밴쿠버 함장은 범죄자들을 처벌하는 것이 유리하리라 판단했다. 그래서 그들의 머리를 깎고 족장과 지역민들 앞에서 가볍게 체벌했다. 그러나 이 본보기는 다른 사람들이 이처럼 나쁜 행동을 하는 것을 막지 못했다. 많은 양의 린넨이 들어있는 브로튼 중위의 가방을 천막에서 교묘하게 꺼내갔고, 몇 벌의 셔츠도 마찬가지로 분실되었다. 다른 약탈을 막기 위해 추가적 감시 방안이 공지되었다. 즉각적인 처벌이 이런 악행을 바로잡기에 가장 좋으며, 절도 행위 중에 잡힌 사람에게 발포한다는 다른 조처들이 발표되었다. 동시에 세심한 주의를 기울여야 하고, 어느 누구도 장교의 참관 없이는 (어떤 이유에서도) 발포하지 못한다는 것이었다. 함장이 엄중한 조치를 취했음에도 린넨을 결국 찾지 못했다.

1792. 1. 20.~21.

첫 번째 샌드위치제도 방문

5.1 원주민 타레후아

**1792. 1. 24.~3. 3.
샌드위치제도 방문**

24일, 샌드위치제도를 방문하기로 하고 항로를 북쪽으로 잡았다. 오후에 티테로아Titeroa가 보이는 곳에 있었다. 이 섬의 주민들 몇 명이 찾아왔다. 이들은 교환을 위해 몇 마리 가금류, 생선, 그리고 코코넛을 가지고 왔다. 진행은 아주 느렸다. 2월 29일, 동북동으로 진로를 잡아, 3월 1일 날이 밝자 오와이히Owhyhee 현재의 하와이섬가 시야에 들어왔는데, 나침반으로 북에서 북미동으로 약 24리그 거리에 있었다. 자정 즈음에 오와이히의 남쪽 곶을 서쪽으로 지나갔다. 이 섬의 서쪽 해안을 지나 식량을 확보할 목적으로 해안 쪽으로 가까이 접하면서 항해했다. 다음 날 돼지와 과일 등을 실은 카누 몇 척이 다가왔다. 과일 중에는 아주 좋은 수박이 있었지만, 거래에 대해 아주 무관심해 보이는 원주민들은 매우 과도한 요구를 했다. 3일 토요일, 다른 카누들이 보여 거래할 목적으로 배를 멈추었고, 같은 날, 중국에서 돌아온 이후로 이 섬에 살고 있던 티안나Tianna가 찾아왔다. 이 섬에는 많은 험악한 싸움이 있었다. 이 섬에서 티안나는 승승장구했고 타마마하[1]라는 이름의 다른 왕과 섬의 통치권을 나누어 가지고 있었다. 승무원들이 리워드제도[2]로 곧바로 간다는 사실을 알게 된 이 뛰어난 족장은, 그들의 아내와 수행원들과 동행하게 해달라고 요청했고, 승낙을 얻었다. 배 위에서의 모든 활동 과정에 그는 감탄을 자아냈고, 활동을 하고 있는 사람의 수를 확인하기 위해 밤중에 몇 번이나 갑판에 나왔다.

---

1) 타마마하(Tamamaaha)는 하와이 왕 카메하메하(Kamehameha)이다. 카메하메하 Ⅰ세 (1736?~1819)는 15년의 전쟁 동안에 영국인 영(John Young)과 데이비스(Isaac Davis)로부터 서양식 무기를 들여와 승리한 후 1795년에 하와이 왕국을 세웠다.

2) 리워드제도는 하와이제도의 북서쪽에 위치한 섬과 환초(atoll)의 무리를 의미한다.

4일 저녁, 커다란 카누로부터 그들을 부르는 소리가 들려 깜짝 놀랐는데, 엉터리 영어로 일행이 누구인지를 묻고 배에 승선하기를 정중하게 청했고, 허락이 떨어졌다. 그들을 불렀던 사람은 아토와이Attowai 현재의 카우아이섬 원주민인 타레후아Tarehooa라는 이름의 청년이었다. 이 청년은 북서 아메리카로부터 모피를 싣고 중국을 거쳐 뉴잉글랜드의 보스턴으로 항해하는 미국상선을 지휘한 잉그램 선장과 동행했었다. 잭이라는 이름을 선호한 타레후아는 7개월 정도 북아메리카에서 잉그램 선장과 같이 있었다. 처음에는 하인으로, 이후에는 능력을 갖춘 통역자로 일했다. 그는 몇 달 전에 브릭[3]을 타고 돌아왔다. 우리 항해자들과 동행하기를 간청했고, 함장이 그가 적극적이고 영리한 사람이라는 것을 알고 일을 잘할 수 있을 것이라 생각하여 티안나의 동의하에 그가 일하는 것을 수락했다.

> 1792. 3. 4.
> 아토와이 원주민 타레후아

6일 이른 아침, 타후로와섬Tahoorowa 현재의 카호올라웨섬에 도달했고, 정오에 나침반은 남동 88°를 가리켰다. 채텀호에서는 디스커버리호의 상황을 알아보려고 신호를 보냈으나, 디스커버리호에서는 채텀호가 보낸 신호를 인지하지 못했다. 채텀호가 아직 오와이히의 높은 땅에 가로막혀 바람을 못 받고 있는 반면, 디스커버리는 조금 더 앞서 있기 때문에 연풍의 도움을 얻었다고 결론지었다. 워아후Woahoo 현재의 오아후섬가 약속된 다음 만남 장소이기 때문에, 오랫동안 서로 떨어져서 항해하는 것이 걱정되지는 않았다. 정오 사이에 라나이Lanai의 서쪽을 따라 북쪽으로 나아갔다. 그리고 자정쯤에 나침반으로 서쪽으로 6-7마일 거리에 워아후가 시야에 들어왔다.

> 1792. 3. 6.
> 타후로와에 도착

7일 10시경에 10패덤 깊이의 작은 산호 조각 해저에 닻을 내렸다. 이 섬의 동쪽 해안은 라나이 해안과 마찬가지로 황량한 바위

> 1792. 3. 7.
> 워아후에서 잭의 활약

---

[3] 브릭(brig)은 쌍돛대 범선의 일종이다.

와 높은 절벽으로 이루어져, 초목은 찾아볼 수 없었다. 남서쪽 부분에 눈에 띄는 두 개의 곶이 있었는데, 각각 남서 81°와 북동 81°로 약 21마일 떨어져서 자리하고 있었다. 그중 가장 동쪽에 있는 첫 번째 곶은 황량한 바위 절벽으로 형성되었는데, 바다에서 매우 급격하게 솟아올라 있어서 어느 모로 보나 그곳을 지나가면 배가 스쳐질 것 같았고, 거기에서부터 육지가 살짝 들어가서 북쪽으로 얕은 만을 이루고 있었다. 그곳의 물 빛깔이 다른 것으로 봐서 바닥이 바위인 것을 알 수 있었다. 해변에는 심하게 파도가 쳤고, 그 뒤로는 북쪽으로 상당한 거리까지 석호가 뻗어 있었다. 승무원들이 닻을 내린 장소를 원주민들은 와이티테Whyteete 현재의 와이키키만라 불렀는데, 이 섬에서 정박지로 매우 좋은 곳 같았다. 원주민 몇 명이 찾아왔는데, 그들은 지휘하는 족장이나 지도자가 없으면서도 지나칠 만큼 질서가 잡혀있었고 유순했으나, 매우 적은 양의 음식물만을 카누에 싣고 왔다. 주로 가져온 머스크멜론과 수박은 아주 좋았다. 해변에는 몇 개의 크고 제대로 된 마을이 있었으며, 주변 땅은 잘 경작되었으며 비옥했다.

잭은 자기 마을 사람들에게 우리 승무원들의 수를 늘리고 무력을 과장하여 가공할 만한 사람들로 보이게끔 애를 썼다. 요컨대 승무원들을 대단한 전사로 소개해, 원주민 눈에 위대하게 비치게 함으로써 그들이 적대감을 갖게 되는 나쁜 결과를 막으려는 것이다.

5.2 물 수급

워아후섬에서의 물 수급 목수가 선미 갑판의 틈을 보수하는 중이었다. 그러나 함장은 또 다른 수리를 시작하기 전에 물 수급의 가능 여부부터 알아봐야겠다고 생각했다. 이를 위해 함장은 머지 중위와 위드비 마스터를 대동하여 두 척의 무장 보트를 타고, 일곱 명의 수병의 경호를 받으며 상륙했다. 보트는 해변에 평온히 남겨졌고, 원주민들이 질서정연하게 승무원들을 맞이했다. 커다란 작대기를 든 건장한 두 남자가 적당한 거리에서 남아있는 사람들을 지켰는데, 함장은 그 남자들에게 선물을 주며 물이 어디에 있는지 묻자, 해변 근처의 소금기가 있는 물이 고인 연못을 알려주었으나 그 물은 마시기에 적절하지 않았다. 그러자 좀 떨어진 곳에 아주 좋은 물이 풍부하게 있다고 알려주었다. 원주민들이 모두 평화롭고 친근하게 보였기 때문에, 함장과 나머지 일행은 마을을 지나 북쪽으로 그들과 함께 갔으며, 양쪽에는 도랑이 있고 폭이 약 12피트로 매우 잘 만들어진 둑길로 안내되었다. 이 둑길은 해변에서 거의 1마일 가까이 나 있었고, 그 끝에 5-6피트 깊이의 개울이 있었다. 그곳의 물은 매우 좋았지만 길이 너무 험하고 거리가 너무 멀어서, 손상 없이 물통을 굴릴 수 없었다. 그래서 함장은 원주민들에게 이 물을 통에 담아 배에 가져다주면 두둑이 보상할 것이라고 제안했고, 원주민들은 그다음 날 물을 충분히 가져다주겠다고 약속했다. 그제야 이 지역을 돌아볼 수 있었는데, 그곳은 대부분 타로[4]계의 식물을 잘 경작하고 있었으며 다양한 야생 조류들이 풍부하게 서식하는데, 그중 일부는 사냥해 보니 좋은 먹거리였다. 어느 정도 떨어져 있는 언덕의 양 가장자리는 바위가 많고 척박해 보였지만, 중간 부분의 계곡은 모두 사람이 살고 있었고 큰 나무로 둘러싸여 보기 좋은 모습을 하고 있었다.

돌아가려 하니 일행을 안내했던 두 명의 원주민이 돼지와 채소가 있는 연회를 준비시켰다며 연회에 참석하기를 간곡히 청했다. 그러나 해가 져버렸기 때문에, 그들의 친절한 초대를 거절할 수밖에 없었다. 이 인정 많은 원주민 각자에게 알맞은 선물을 주고 배로 돌아왔다. 자정이 되자 채텀호가 도착하여 디스커버리호의 서쪽으로 조금 떨어진 곳에 정박했다. 밴쿠버 함장이 짐작했던 대로 바람이 불지 않아 항해가 지연된 것이었다.

디스커버리호, 워아후섬에서 채텀호와 접선

---

[4] 타로(taro)는 토란과 비슷한 농작물이다.

1792. 3. 8~9.
물을 구하기 위해 아토와이로 향함

다음날 원주민들이 가져온 물의 양은 턱없이 부족해서, 함장은 이곳에서 충분한 물을 수급받겠다는 생각을 포기하고, 즉시 아토와이로 향하여 닻을 올리고 서쪽으로 향했다. 채텀호가 지연되어서 디스커버리호는 채텀호를 시야에서 놓쳤고, 돛을 모두 펴고 항해를 계속했다. 놀랍게도 9일 오전 4시 30분에 아토와이가 시야에 들어왔다. 우리는 진로를 바꾸어 남쪽을 따라 와이메아만Whymea Bay을 향했는데, 약 9시경에 27패덤 깊이의 잿빛 모래와 진흙 바닥에 닻을 내렸다. 정오 무렵에 채텀호가 도착했으나 바람의 방향이 바뀌어서 해 질 무렵에야 닻을 내릴 수 있었고, 디스커버리호의 서쪽으로 조금 떨어진 곳에 정박했다. 원주민 몇 사람이 찾아와 식량을 풍성히 가져다줬는데, 이 원주민들은 매우 순종적이고 질서를 잘 지켰다.

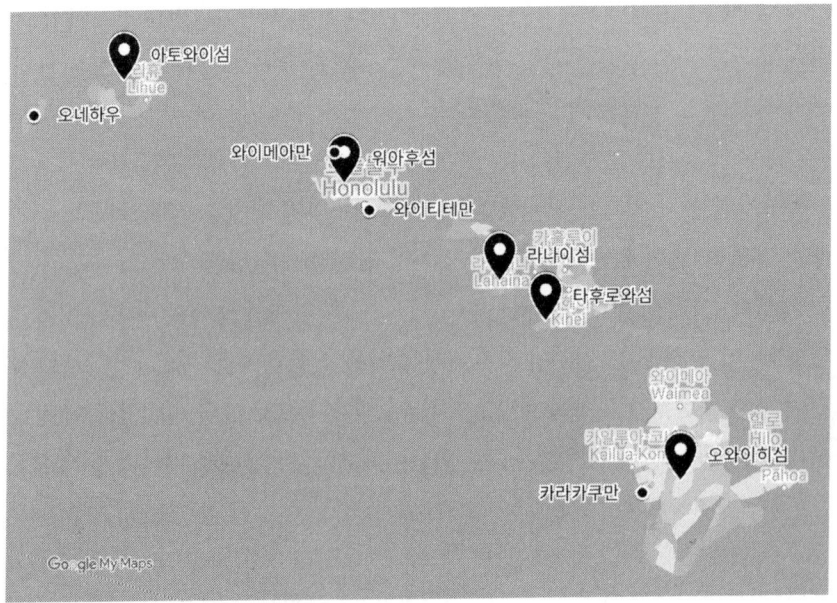

[지도 6] 샌드위치제도

벤쿠버 함장은 선의 멘지스와 함께 욜을 타고, 러셀 중위는 커터와 론치를 몰고서 그들을 뒤따르며 해안으로 나아갔고, 원주민들이 약간은 거리를 두면서 정중하게 맞이했다. (레후아Rehooa라는 이름의) 남자가, 일행이 그곳에 며칠간 머물 것으로 생각하고, 질서를 지키도록 했고 문신을 새기는 데 사용하는 훌륭한 집 두 채를 준비해주었다. 선내로 들어올 수 있는 허가를 받은 원주민 중 일부는 물을 채워 보트까지 물통을 굴려 나르는 일을 했고, 그 보상으로 구슬과 작은 못을 받고는 매우 기뻐했다.

1792. 3. 9.

5.3 아토와이섬의 영국인들

아토와이섬을 처음 방문했을 때, 다음의 아주 특별한 상황으로 인해 많이 놀랐다. 항해자들은 워아후섬에서, 그리고 여기에 그들이 도착하지미지 세 명의 영국인이 이곳의 원주민과 같이 살고 있다고 들었다. 3월 10일 토요일, 이 정보가 사실임을 확인할 수 있었다. 이들 중 하나인 17세의 로우바텀Rowbottom이라고 하는 젊은이가 커다란 더블 카누5)를 타고 디스커버리호에 찾아왔다. 자신은 더비셔 출신으로, 중국으로 향하는 인도무역선을 타고 영국을 떠나 항해한 지 5년이 되었으며, 그 배에서 내려 북미대륙과 중국 간의 모피무역에 종사하는 배에서 일하게 되었고, 이후에는 미국을 위해 고용이 되었다고 하였다. 자신과 웨일즈인 존 윌리엄스John Williams와 아일랜드인 제임스 콜맨James Coleman이 이 섬으로 오는 도중에 오네하우섬 Oneeheow 현재의 니아후섬에 남아, 레이디 워싱턴호의 마스터인 존 켄드릭이라는 미국인을 위해 백단향6)과 진주를 사들일 예정이었다. 이 배와 지휘관은 이곳과

1792. 3. 10.
아토와이섬에서 영국인을 만나다

---

5) 더블 카누(double canoe)는 카누 두 척을 일체형으로 만든 배이다.
6) 백단(sandal wood) 혹은 백단향으로 불리며, 향수의 원료를 추출하는 나무이다.

소사이어티제도[7]에 자신의 배 이름과 배의 그림 그리고 선주들의 이름이 새겨진 메달을 처음 배포했던 바로 그 배와 지휘관이다. 그 메달 하나를 1789년 아메리카의 북서 해안으로 항해하던 콕스의 동료이자 해병대의 조지 모티머George Mortimer 중위가 런던으로 가져오기도 했다.

디스커버리호와 채텀호의 무력이 원주민들이 어떤 적대행위를 할 수 없을 정도로 충분히 막강하다고 이 젊은 영국인들은 생각하지만, 그래도 항해자들에게 원주민들의 행동을 철저하게 감시하라고 경고를 했다. 원주민들은 최근에 미국 선적의 스쿠너 한 척을 나포하였고, 승무원 한 명을 제외하고 전원을 잔인하게 살해했는데[8], 모든 것이 배신과 무기를 소유하려는 그들의 열망에서 나온 것으로 생각되었다. 모피와 교환해서 무기를 공급하는 것과 마찬가지로 무기의 사용은 무역선의 미국인 지휘관들의 이윤을 바라는 탐욕에서 비롯되었다. 이런 행동은 크게 비난할 만한 일로 간주된다.

1792. 3. 11.
콜맨과 함께 아토와이의 왕자를 만나다

그다음 날 항해자들이 만난 아일랜드인 콜맨은 특이한 모습을 하고 있었다. 허리에 두르는 일종의 천인 마로를 제외하고, 그는 원주민의 관습을 거의 다 받아들였는데, 마로를 대부분의 원주민보다 훨씬 더 품위 없이 착용해서, 거의 완전한 벌거숭이였고, 피

---

7) 소사이어티제도(the Society Islands)는 1769년에 쿡 함장이 1차 항해 도중 섬 조사의 후원을 맡은 왕립 학회(The Royal Society)를 기리기 위해 명명하였다. 오늘날 프랑스령 폴리네시아의 소시에테제도이다.

8) 북미대륙에서 가져온 모피를 중국에 팔던 영국 출신의 미국 무역상인 사이먼 메트카프(Simon Metcalf 또는 Metcalfe, c.1741-1794)가 하와이 원주민 사이의 충돌로 원주민들을 살해한 사건이 있었고, 부족장은 입항하는 서양인과 그 배에 복수를 다짐한 상태였다. 1789년 누트카 위기로 인해 메트카프 부자는 겨울을 보낼 계획으로 하와이로 출발했다. 원주민들은 먼저 도착한 메트카프의 아들 토머스의 배 페어 아메리칸(Fair American)호를 공격하여 웨일즈인 데이비스를 제외한 모두를 죽이고 배를 불태웠다. 나중에 도착한 사이먼 메트카프는 아들의 배가 도착하지 않자 해안으로 존 영(John Young)을 보내어 상황을 알아보게 했으나, 원주민들은 영을 돌려보내지 않았고 사이먼은 아들의 사망을 알지 못한 채, 중국으로 떠났다. 하와이에 남게 된 데이비스와 영은 군사 참모와 통역으로 일하면서 카마마하가 하와이를 통일하는 데 기여했다. 8.3 범죄자의 처형 참조.

부 빛깔도 원주민 중에서 가장 흰 사람보다 약간 더 흰 정도였다. 함장이 예전의 옷은 어떻게 했는지 묻자, 그는 원주민들이 감탄하도록 어떤 집에 걸려있다고 비웃듯이 대답했고, 야만적인 삶의 방식으로 타락한 것에 크게 기뻐하는 것처럼 보였다. 어쨌거나 그는 원주민들 사이에서는 영향력이 있었기에 아토와이의 왕자로부터 밴쿠버 함장에게 보내는 전언을 전달하도록 선정이 되었는데, 전언은 왕자가 디스커버리호를 다음 날 친구(그의 동료)와 다른 족장들과 함께 방문하고자 한다는 것이었고, 따라서 그의 방문은 대단한 격식을 차려 거행되었고, 양쪽이 아주 만족했다. 왕자는 약 12세 정도 되어보였으며, 그의 표정은 붙임성이 있고 쾌활함을 드러냈다. 생김새는 이 섬사람들의 일반적인 특징보다는 유럽인과 훨씬 더 유사성을 지니고 있었다. 왕자의 친구인 티푸네Tipoone는 같은 나이로 보였고, 이해력이나 생각의 빠르기는 왕자가 훨씬 더 뛰어났다. 그들에게 이전에 섭정인 에네모Enemoh가 찾아왔는데, 에네모는 쿡 함장과 함께 아토와이섬을 찾았던 밴쿠버 함장을 기억했다.

이들 원주민에 대해 호의적이지 않은 말을 들었음에도 불구하고, 항해자들은 이들이 예의바르고 주의 깊을 뿐만 아니라, 아주 정직하다는 것을 알았다. 하지만, 아마도 이런 훌륭한 행동은 족장들이 그들의 성실성을 믿고 있는 데에 연유하는 모양이었다. 로우바텀과 그의 동료들 역시 원주민들에게 좋은 인상을 주기 위해 무척 노력했다. 이 세 명은 왕자가 아주 높이 평가한 탓에, 항상 왕자와 같이 거주하고, 여흥과 놀이에 왕자의 친구로 같이 어울리면서, 이들의 신체와 재산을 신성하게 만들어주었다. 하지만 왕자의 편애는 그가 조지 왕의 이름을 사용하는 것에서 유난히 두드러졌는데, 자기 하인들이 그를 다른 이름으로 부르는 것을 용납하지 않았고, 그의 국민과 마찬가지로 우리 항해자들이 그를 타무에레라고 부르면 아주 언짢아했다.

섬으로 나들이를 갔다가, 항해자들은 산기슭에서 바다로 뻗어있는 낮은 땅에 타로가 주로 자리 잡고 있고, 와호아Wahoa에 | 섬을 구경하고 항해자들을 환영하는 불을 보다

서와 마찬가지 방식으로 재배되고 있다는 것을 알았다. 타로는 아주 잘 자란 사탕수수 약간과 고구마와 섞여 있었다. 고구마는 마른 땅에 심고, 사탕수수는 타로를 심은 땅의 가장자리와 구획선에 심어졌다. 대부분의 경작지는 강의 높이보다 상당히 높았기 때문에, 고르게 물을 주기는 어려웠다. 함장은 어느 날 오후, 강의 동쪽에 있는 언덕에 상당한 높이에서 불이 붙었고, 어떤 방향으로는 물 가장자리까지 불길이 내려온 것을 관측했다. 이들을 포함해서 야만족들이 어떤 계획을 실행에 옮기려고 할 때마다, 종종 멀리에 있는 주민들을 불러 모으는 신호로 불이라는 수단에 의존한다는 사실을 알고 있는 함장은 무척이나 불안을 느꼈다. 해안에 있던 원주민 무리가 이런 대규모의 불을 낸 이유는 왕자와 섭정과 다른 대부족장들의 도착을 알리기 위해서였다. 위험에 대비해서 함장은 적절한 주의조처를 취했지만, 그의 의심이 근거 없는 것임을 알고 기뻐했다.

5.4 해파리 관찰

1792. 3. 14.
오네하우 기항과 아메리카 향발

14일 아침, 디스커버리호는 식수를 충분히 확보한 후, 북쪽으로 부는 바람을 타고 오네하우로 떠났다. 채텀호가 물이 새는 갑판을 수리하는 동안, 디스커버리호는 얌[9]과 다른 야채를 구할 수 있는 만큼 많이 실었다. 이곳 오네하우에서는 섬의 남쪽, 해안에서 약 ¾마일 떨어진 섬의 남쪽 연안 수심 14패덤에 투묘했다. 16일, 채텀호는 갑판 수리를 끝냈고, 얌과 다른 식품을 충분히 사들였다. 저녁 6시경, 두 배는 서로 만나 아메리카 해안을 향해 나아갔다. 함장은 다른 이들처럼 무기와 탄약으로 식량을 구매하는 용납할 수 없는 방식을 택하지 않았고, (원주민들은 무기와 탄약에 크게 끌렸을 뿐만 아니라 이를 능숙하게 다룰 줄도 알았기 때문이었다) 그래서 식

---

9) 얌(yam)은 참마속(屬)의 식물로 고구마와 비슷하다.

량을 확보하지 않았다.

3월 18일 일요일 아침, 샌드위치제도를 출발한 이래 쾌적한 날씨 속에서 동쪽으로 항해하던 중 바람 방향이 바뀌어 북쪽으로 항로를 틀었다. 4월 7일에 겨우 위도 35° 25′, 경도 217° 24′에 도착했다. 이곳에서는 메두사 빌릴리아medusa vililia라고 하는 엄청난 해파리떼를 보게 되었다. 눈에 들어오는 해수면 전체가 이 동물(혹은 벌레)로 덮여있었다. 콩 한 개 빠져나가지 못할 정도로 밀집해 있었고, 배가 경도 7°를 이동하는 동안에도 수면을 뒤덮고 있었다.

| 1792. 3. 18~4. 10. 해파리 관찰 |

디스커버리호 선의 멘지스와 채텀호 마스터 제임스 존스톤은 벌레인지 애벌레인지 모를 이런 무리를 조사하는 데에 수고를 아끼지 않았다. "가장 큰 해파리는 직경 4인치를 넘지 않았고, 여기에 애벌레를 닮은 청색의 아름다운 벌레가 들러붙어 있었다. 길이가 약 1인치 반이고, 머리 쪽이 가장 두꺼우면서 삼각형이었다. 등은 넓고, 아랫부분인 배에는 줄 같은 막이 있는데, 막으로 자신을 메두사 빌릴리아에 부착하고 있다. 양 어깨에서 꼬리까지 연결되는 등을 따라 양쪽에 길이 약 0.8인치의 수많은 작은 섬모가 있다. 곤충의 솜털 같지만 훨씬 더 실용적인 것으로, 아마 그 동물이 물을 통과해서 진행하는 데에 도움이 되는 것 같다.

해파리는 타원형으로 아주 납작하며 긴 쪽의 길이가 약 1인치 반 정도다. 밑면은 다소 오목하다. 너비가 거의 ¼인치이고, 가장자리는 짙은 청색이고 안쪽으로 갈수록 옅은 녹색이다. 몸체는 윗면보다 얇아지면서 투명하다. 아주 얇은 막이 해파리 표면의 평평한 곳에 수직으로 서서 대각선 방향으로 가장 긴지름의 거의 전체로 뻗어있다. 이 막은 높이가 1인치 정도 되는 아치를 이루고 있다.

지느러미와 돛의 용도로 사용되는 것처럼 보이는 이 막은, 어떤 때는 직립한 자세로, 다른 때는 평평하게 누워있는 것이 관찰되었는데, 아침에 주로 평평했다. 그러나 아침에서 낮으로 시간이 지나갈수록 누운 상태에서 아래로, 수직으로 점점 길어졌다. 이것이 자발적인지 태양의 영향인지는 쉽게 알 수 없는 문제였다. 막이 아래로 내려져 있을 때, 이 작은 동물들은 움직임이 없는 작은 무리로 뭉쳤다. 그리고 이때는 짙은 녹색으로 변했다." 다른 배에 타고 있던 두 사람은 독자적인 견해를 밝혔다. 선의 멘지스는 그것들이 새로운 종이라고 생각했다. 실제로 그런지, 혹은 이들이 본 해파리의 상태가 누에와 다른 벌레나 애벌레가 겪는 것과 같은 그런 변태과정의 한 상태는 아닌지, 그리고 궁극적으로는 이것들이 앞선 항해자와 박물학자들이 묘사했던 앵무조개nautilus류가 아닌지는 경험 많은 박물학자들이 살펴볼 일이다.

아메리카 북서해안 탐사

6.1 뉴앨비언 탐사

1792. 4. 19.
멘도시노곶 도착

4월 19일, 뉴앨비언[1] 해안에서 가장 높게 돌출된 멘도시노곶Cape Mendocino 캘리포니아의 서쪽 끝으로 샌프란시스코 북쪽에 위치에 도착했다. 이 곳은 두 개의 높은 곶이 서로에게서 약 10마일 떨어져서 만들어진다. 최남단의 가장 높은 곶은 던노즈[2]와 매우 닮았으며, 위도 40° 19′, 경도 235° 53′에 위치해 있다. 이 지역의 해안은 바다까지 약 1마일 뻗어있는 작은 바위섬들로 이루어져 있다. 가장 돌출된 곳은 위도 41° 8′, 경도 236° 5′ 지점이며, 함장은 록키 포인트Rocky Point로 명명했다.

1792. 4. 23~24.
세인트조지만 탐사

23일, 뚜렷한 지점을 형성하고 있는, 저지대의 땅을 포인트 세인트 조지Point St. George라 이름 지었다. 거기에서부터 뻗어있는, 위험한 암석 군은 드래건락Dragon Rocks으로 이름 붙였다. 물 위로 올라와 있는 바위는 모두 네 개였고, 가라앉아 있는 바위가 많아서 백파가 많이 일었다. 이 지점이 양쪽에서 만을 이루는데, 만의 북쪽 끝은 세인트조지만St. George's Bay이라 이름 붙였다. 24일, 조수가 해안에서 빠르게 일어났고, 39패덤 깊이로 위도 42° 38′, 경도 235° 44′ 지점에 닻을 내려야 했다. 이 위치에서 바위 군의 가장 끝에 있는 바위는 나침반으로 남동 16°를 가리키며 6마일 거리였다. 가장 가까운 해안은 두드러진 검은 바위가 있는 북동 6¼° 방향, 3½마일 거리였다. 눈에 잘 띄는 검고 높은 절벽은 북동 1° 방향에 있는 집 한 채에서 케이블 길이만큼 떨어져 있었다. 높은 바위 해안으로부터 튀어나온 낮은 땅으로 형성되어 있었고, 바다

---

1) 1579년 영국의 드레이크 제독(Sir Francis Drake, 1540~1596)이 상륙한 지점으로 오늘날 미국 태평양 연안 샌프란시스코만 부근이다. 앨비언(Albion)은 영국을 의미하며, 밴쿠버 일행이 탐사한 뉴앨비언은 신대륙 아메리카에 위치한 영국의 땅이라는 의미로, 현재 미국의 캘리포니아주에서 워싱턴주까지를 포함한다.

2) 던노즈(Dunnoze)는 영국 해협의 와이트섬(the Isle of Wight)에 위치한 곶의 이름이다.

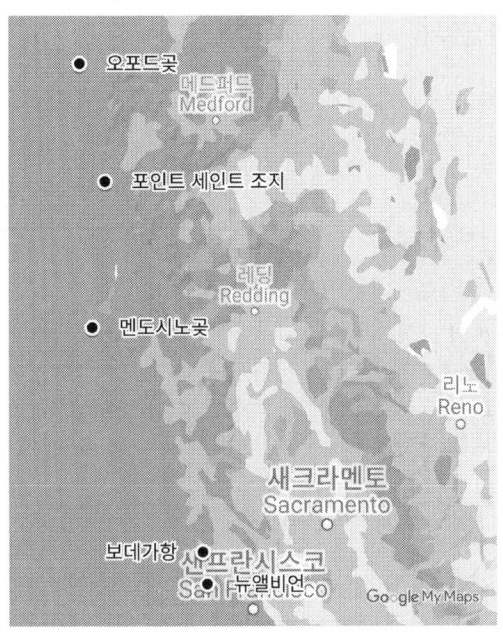

[지도 7] 뉴앨비언 일대

로 상당한 거리를 들어갔고, 북서 27°에 쐐기 모양의 낮은 수직의 층으로 끝났다. 이곳은 오포드곶Cape Orford 현재의 블랑코곶으로 이름 지었다.

해협을 계속 따라가니, 30일 오후 5시경, 길고 낮은 모래로 된 포인트가 관측되었는데, 절벽과 해안으로부터 바다로 튀어나와 있었고, 그 뒤로는 외부로부터 잘 보호된 만과, 아주 높은 험준한 바위산이 있었다. 만 쪽으로 약간 방향을 바꾸어, 14패덤 깊이에 닻을 내렸다. 낮은 모래땅의 포인트는 뉴던지니스New Dungeness로, 산은 최초 발견자인 3등 중위의 이름을 따서 베이커산Mount Baker으로 명명했다.

**1792. 4. 23~24.
뉴던지니스와 베이커산**

우리 승무원들은 뉴앨비언의 해안 전체를 조용히 기뻐하며 바라보았다. 3½패덤으로 정박한 항구는 최초의 유럽인 방문객이 될 가능성

1792. 5. 2.

[지도 8] 후안 데 푸카해협 일대

으로 인해 디스커버리항Port Discovery으로 이름을 붙였으며, 뉴앨비언의 해안을 따라가는 지치고 힘든 항해 후에 쾌적한 피난처와 휴식처를 방문객에게 제공하는, 비옥하고 식물이 우거진 땅을 프로텍션섬Protection Island으로 이름 붙였다. 섬의 위치는 위도 48° 3′ 07″, 경도 237° 31½′였다.

포트 타운센드에서 인간 희생의 흔적 발견 이곳은 만에 뚜렷한 네 개의 장대가 있어 경관을 제공해 주었는데, 포트 타운센드Port Townshend[3]로 이름 붙였다. 두 개의 장대 끝에는 사람의 머리가 꿰뚫려 있었는데, 최근에 그렇게 둔 것 같았다. 머리카락과 피부가 거의 완전했다. 머리는 분노 혹은 복수의 증거를 지닌 듯이 보였는데, 두개골의 목을 막대가 꿰뚫고 지나간 것처럼 되어, 두개골의 시상봉합[4]이 두피의 일부와 함께 두개골의 나머지 부분보다 몇 인치 위의 꼭대기에 있었기 때문

---

3) 포트 타운센드는 미국 워싱턴주의 후안 데 푸카해협(the Strait of Juan de Fuca)에 위치한 섬으로 1790년 스페인 탐사자들이 발견하여 카라스코섬(Isla de Carrasco)으로 명명되었으나, 1792년 밴쿠버 탐사대가 이름을 다시 붙였다. 현재는 포트 타운젠드이다.

4) 시상봉합(sagittal suture)은 두개골의 중앙에서 앞뒤로 연결하는 봉합선이다.

이었다. 장대 사이에는 불을 피운 흔적이 있었고, 근처에는 태워서 석회가 된 해골이 목격되었다. 하지만 이런 모습의 어떤 것도 시체를 처리한 방식에 대해서 항해자들을 만족시킬 수 없었다. "장대들은 분명히 어떤 특정 목적에 부합되게 쓰일 것이었다. 하지만 그것이 종교적, 민간인의, 혹은 군사적 성격의 것인지에 대해서는 더 조사를 할 필요가 있다."

[그림 4] 조지아만의 포트 타운센드 해안에 세워진 4개의 장대

5월 6일 일요일, 승무원들은 희망봉을 떠난 이후 처음으로 휴일을 즐겼다. 원주민 몇 명의 방문을 받았는데, 이들은 생선과 사슴고기를 팔러 가져왔다. 생김새, 춤, 무기, 갖고 있는 장비 등을 보아 누트카의 주민들과 비슷해보였다. 그들은 여섯 살이나 일곱 살쯤 된 아이 두 명과 구리를 바꾸겠다고 했는데, 구리를 몹시 갖고 싶어 했다. 하지만 밴쿠버 함장은 이 잔인한 거래를 단호하게 금지했다. 조사를 했던 만 안에 버려진 인디언 마을들이 발견되었는데, 동일 목적으로 다른 곳에도 사람들을 보냈었다. 다른 곳에서는 풀 위에 같이 앉아 있는 상당수의 원주민들을 만났고, 이들은 일행이 다가가도 평온한 모습이었다. 이 지역의 모든 인디언들은 일행에게

1792. 5. 6.
모처럼의 휴일, 인디언과의 교류

예의를 갖추었고 우호적인 성향을 보여주는 표시를 했고, 흉포한 민족은 아닌 것으로 관찰되었다.

미국인 로버트 그레이와 컬럼비아호를 만나다

계속 북으로 항진하던 중, 그리스인 후안 데 푸카[5]가 1692년에 항해하면서 묘사했고, 그의 이름을 딴 해협을 지났다. 항해의 주목적을 달성하기 위해 규칙적으로 움직였고, 처음으로 시정한 실수는 로버트 그레이[6]라는 사람이 지휘한 미국 배 워싱턴호가 이 내해를 항해했다고 하는, 영국에서 발행된 잘못된 설명이었다. 이번에는 놀랍게도 그레이가 지휘하는 또 다른 미국 배, 컬럼비아호를 만난 것이 운이 좋았다. 그레이 선장은 앞으로의 작전에 도움이 될 정보를 얻기 위해 배를 방문한 퓨젯 중위와 선의 멘지스에게 그가 "동남동 방향으로 문제의 해협을 단지 50마일만 통과했고, 5리그 넓이의 수로를 찾았으며, 원주민들이 오프닝[7]은 북쪽으로 상당한 거리로 뻗어 있다고 알려주었다"고 했다. 이제 그들은 가장 정확한 방식으로 모든 만이나 강을 탐사했다. 채텀호가 항해할 수 있으면 채텀호가 파견되었고, 그렇지 않으면 작은 노 젓는 배나 보트를 다양한 탐사에 보내어 많은 인디언 부락을 방문했고 우호적 태도를 보이는 원주민들을 만났다.

**1792. 5. 7.
레이니어산**

이번 답사에서 땅의 포인트를 이루는 높고 가파른 절벽을 올랐는데, 주로 축융공의 흙[8]처럼 경화된 진흙으로 이루어진 듯이 보였다.

---

5) 후안 데 푸카(Juan de Fuca, 1536-1602)는 그리스에서 태어나 스페인의 필리페 2세의 해군에서 일했다. 그의 북서항로 탐사 기록을 참조하여 영국 항해자 찰스 바클리(Charles Barkley)가 현재의 워싱턴 근처의 해협을 그의 이름을 따서 붙였다.

6) 로버트 그레이(Robert Gray, 1755-1806)는 레이디 워싱턴호의 선장으로 북서 아메리카지역의 모피무역에 종사했으며, 1787년 컬럼비아호를 타고 보스턴을 출발하여 1790년 미국배로서는 최초로 세계 일주를 하였다.

7) 오프닝(opening)은 배가 지나갈 수 있는 수로 또는 틈이다.

8) 축융공(fuller)은 양모를 밟아 세공하는 사람이며, 축융과정에서 양모의 흙이나 기름 성분을 제거하기 위해 사용하는 알루미늄 마그네슘 규산염을 축융공의 흙(fuller's earth)이라 한다.

하지만 좀 더 조사해보니 비옥한 종류의 매로우스톤[9]으로 확인되었고, 그래서 매로우스톤 포인트Marrow-Stone Point로 이름을 붙였다. 식사를 한 이곳은 만이 아주 잘 보였는데, 제법 컸다. 베이커산이 있는 북쪽 끝은 북동 22°에 있었고, 남쪽 끝을 이루는 눈에 덮인 둥근 산은 북동 42° 방향으로 레이니어산Mount Rainier으로 이름을 붙였다.

[그림 6] 애드미럴티만 남쪽에서 바라본 레이니어산

9일 북쪽 해안을 가로지르다 떡갈나무 몇 그루를 발견했는데 그 둘레가 3-4피트를 넘지 않았다. 따라서 오크만Oak Cove으로 이름을 붙였다.

**1792. 5. 9.
오크만과 파울웨더 블러프**

이즈음, 날씨가 썩 좋지 않았기 때문에 만의 해안 끝에 솟은 높은 수직의 절벽 포인트는 파울웨더 블러프Foul Weather Bluff로 이름을 붙였다.

13일, 만 쪽으로 경로를 잡았는데, 후드수도Hood's Canal로 명명했고, 14일 오후에 파울웨더 블러프에 이르렀을 때, 세찬 소나

**1792. 5. 13~23.
계속된 퓨젯 사운드 탐사**

---

9) 매로우스톤(marrowstone)은 잿빛을 띤 흙이다.

기가 내려 그 이름값을 했다. 날씨가 계속 좋지 않았다. 23일, 비는 천둥과 번개를 동반했다. 23일, 만10)을 탐사했을 때 아주 좁은 물길을 통해 제법 큰 규모의 만으로 연결되어 있음을 알게 되었으며, 물길은 만의 서쪽 구석에 자리하여 ¼마일 정도로 떨어져 서로 맞물려 있는 지점 사이에 형성되어 있었다. 약 반 마일 길이의 물길은 암초와 위험물이 없이 적어도 5패덤의 깊이로 되어 있었다. 발견자의 이름을 따서 포트 오처드Port Orchard로 명명하였다. 주변 지역은 배션섬Vashon's Island, 만의 남쪽 끝은 퓨젯 사운드Puget's Sound라는 이름을 얻었다. 현재 주둔지 근처에 있어 빌리지 포인트Village Point라 불렸던 관측 지점은 이제 레스토레이션 포인트Restoration Point로 이름을 붙여서 항해자들이 닻을 내린 사건을 기념하였다.

펜 코브와 애드미럴티만   이 만의 서쪽 줄기를 계속 조사하니, 아주 훌륭하고 넓은 만 혹은 항으로 되어있음을 알게 되었는데, 10-20패덤의 고른 깊이에 양질의 해저지형이었다. 펜 코브Penn's Cove라 이름 붙였고, 양끝에는 사람이 살지 않는 마을이 위치해 있고, 그중 한 마을에 딱 초소같이 생긴 무덤이 몇 개 있었다. 몇 개는 열려 있고, 많은 아이들의 뼈가 들어있었는데, 바구니 안에 묶여 있었다. 어른의 작은 뼈도 찾아낼 수 있었는데, 팔다리의 뼈는 없어서 원주민이 화살이나 창 등을 뾰족하게 다듬는 유용한 용도로 사용한 것이 아닌가 하는 추측을 불러일으켰다.

이 만을 조사하는 데 보름이 걸렸고 애드미럴티만Admiralty Inlet으로 이름을 지었다.11)

---

10) 밴쿠버 일행은 파울웨더 블러프로부터 남쪽으로 퓨젯 사운드를 계속 탐사하는 중이다.
11) 애드미럴티만은 후안 데 푸카 해협의 동쪽 끝으로 퓨젯 사운드와 연결된다.

[지도 9] 퓨젯 사운드 일대

6.2 뉴조지아 선포

1792년 6월 4일, 국왕 폐하의 탄신 기념일에 승무원들은 최근에 탐사한 | 1792. 6. 4.
국왕 탄신일을 맞아 탐사지역을 뉴조지아로 선포하다

모든 지역을 영국 국왕, 후계자, 계승자의 이름으로, 그들을 위하여 예의 형식을 갖추어 점령했다.[12] 이 지역, 즉 북위 39° 20′, 동경 236° 26′에 위치한 그 지역으로부터 후안 데 푸카 해협으로 생각되는 작은 만의 입구까지는, 북쪽과

---

12) 밴쿠버 일행은 이날 후안 데 푸카해협 인근의 퓨젯 사운드와 근처의 땅을 국왕의 이름을 따라 뉴조지아(New Georgia)로 명명하고 공식적으로 '점령'했다.

남쪽의 해안과 함께 전술한 해협 안의 모든 해안과 섬과 마찬가지로 뉴앨비언의 해안이 될 것이다. 조지아만이라는 명예로운 이름을 붙인 내해와 전술한 만을 감싸면서 북위 45°까지 남쪽으로 뻗어있는 본토는 국왕 폐하를 기념하여 뉴조지아로 명명했다. 애드미럴티만의 이 줄기는 퍼제션 사운드Possession Sound[13]라는 이름을 얻었으며, 그 서쪽 줄기는 포트 가드너Port Gardner, 더 작은 동쪽의 줄기는 포트 수전Port Susan이라는 이름을 얻었다.

1792. 6. 8~10.
채텀호, 스트로베리만에서 스트림 앵커를 잃다

이제 애드미럴티만의 탐사를 마쳤고, 그 북단은 포인트 파트리지Point Partridge로, 서쪽 지점은 포인트 윌슨Point Wilson으로 이름 붙였다. 낮은 절벽으로 그 위에 자그마한 나무가 자라는 서쪽 끝의 나지막한 모래섬은 북서 26°에서 46°로 펼쳐져 있으며 스트로베리만Strawberry Bay으로 이름 붙였다. 8일 오후 세 시경 북쪽에서 불어오는 미풍과 밀물과 함께 디스커버리호는 스트로베리만으로 들어섰고, 세 시간 만에 16패덤 깊이의 고운 모래 바닥에 닻을 내렸다. 만은 섬의 서쪽 편에 위치해 있으며, 곧은 사이프러스 나무가 많이 자라고 있어서 사이프러스만Cypress Bay으로 이름을 붙였다. 채텀호는 닻을 내리려고 했으나 강한 밀물 때문에 섬의 동쪽으로 밀려가서 암반 위에 닻을 내렸고, 강하고 불규칙적인 조수로 인해 스트림 케이블이 바위에 잘려 끊어졌음을 브로튼 중위의 편지를 통해 함장이 알게 되었다.[14] 10일 일요일 오전 채텀호는 스트림 앵커[15]를 잃은 채로 만에 도착했다.

---

13) 위드비섬과 본토 사이에 위치해 있다.

14) 최근 위드비섬 근처에서 채텀호의 스트림 앵커를 끌어올리려는 시도가 몇 차례 있었고, 닻을 인양했으나 채텀호의 앵커인지는 아직 밝혀지지 않고 있다.

15) 스트림앵커(stream anchor)는 중형닻 또는 중묘(中錨)이다.

만 중의 하나가 포트 가드너와 아주 좁고 복잡한 물길을 통해 연결된 것 같았다. 물길의 상당한 길이가 넓이는 40야드가 채 되지 않고, 수면의 아래위로 암초가 많았다. 아주 빠르고 불규칙적인 조수까지 더해, 물길은 보트나 아주 작은 톤수의 배로만 통행이 가능했다. 위도 48° 27′, 경도 237° 37′에 위치한 이 물길의 남서단에서 퍼제션 사운드로 통하는 위도 47° 53′, 경도 237° 47′에 있는 북쪽 입구까지의 만의 동쪽 해안은 위드비섬 Whidbey's Island으로 명명되었고, 포트 가드너로 이어지는 북쪽 수도는 디셉션 패시지Deception Passage로 명명되었다.

1792. 6. 8~10.

6.3 누트카와 밴쿠버섬 주변 탐사

저녁 무렵 나타난 만을 향하여, 6시경 해안에서 반 마일 떨어진 6패덤 깊이의 모래 바닥에 닻을 내렸다. 만의 두 포인트는 나침반으로 남서 32°와 북서 72°를 가리켰다. 배를 안전하게 묘박시킨 후에, 함장은 보트로 만의 해안을 살피러 나섰고, 별 어려움 없이 해안에서 몇 가지 임무를 수행할 만한 편리한 위치를 찾아냈다. 가장 북쪽의 지맥은 두 개의 열린 만으로 끝났다. 남쪽 끝에 있는 더 작은 만은 남쪽 지점에 두 개의 작은 바위가 있었고 7-10패덤 정도의 투묘지를 제공한다. 다른 만은 북쪽으로 뻗어있다. 이 만들의 서단을 이루는 지점은 포인트 로버츠Point Roberts 현재 미국 워싱턴주의 최북단로 명명했다. 13일, 오전 5시경 진로를 동쪽 해안으로 향했고, 낮은 절벽이 있는 지점에 상륙했다. 아주 넓은 만의 남쪽 끝으로, 작은 만이 동쪽으로 이어졌다. 이 만은 포인트 그레이Point Grey로 명명했고 포인트 로버츠로부터 약 7리그의 거리이다.[16] 항행에는 적합하지 않은 이 만 또는 물길은 버라드

1792. 6. 13.
(오늘날의) 밴쿠버 지역에 도달하다

---

16) 밴쿠버섬에서 바라보면 포인트 그레이는 만의 북쪽에, 포인트 로버츠는 남쪽에 위치해 있다.

수도Burrard's Canal로 명명했다. 만의 주된 줄기의 남쪽 지점을 이루는 북쪽 포인트는 포인트 앳킨슨Point Atkinson으로 명명했는데, 포인트 그레이에서 약 1리그의 거리로 북쪽에 위치했다. 이 두 지점 사이 거의 중앙에 있는 낮은 바위섬은 패시지섬Passage Island으로 명명했다.

포인트 앳킨슨을 떠나 사운드로 나아갔고[17] 서쪽 해안에서 몇 개의 작은 떨어져 있는 바위를 지났는데, 몇 개의 바위는 수면 아래에 잠겨있었고, 2마일쯤 뻗어있었지만, 사운드 내에서의 항행을 방해할 만큼 해안에서 멀지는 않았다. 사운드를 벗어나서는 빠른 속도로 전진했지만, 지역의 황량함에 우울한 날씨가 더해졌다. 해가 약간 비쳤기 때문에 한 섬의 동쪽 끝의 위도를 확인할 수 있었다. 섬을 둘러싸고 있는 산의 모양으로 인해 앤빌섬[18]이라 명명한 섬은 위도 49° 30′, 경도 237° 3′이었다. 일몰시에 앤빌섬의 남쪽으로 나 있는 만으로 이어지는 것으로 관측된 해협을 통과했다. 9시경 밤을 보내기 위해 하우 사운드 Howe Sound라 명명한 만의 서쪽 입구 지점 가까이에 상륙했다. 이 지점은 위도 49° 23′, 경도 235° 51′으로 포인트 가우어Point Gower로 명명되었다.

1792. 6. 20~21.
원주민과의 접촉

이후 며칠 동안 해안선을 따라 조사를 속개하여, 20일에 만의 북쪽 지점에 도달했는데, 유럽소나무가 자라는 것을 처음으로 보았기 때문에 스카치-퍼 포인트Scotch-Fir Point로 명명하고, 작은 만은 저비스수도Jervis's Canal라고 명명했다. 21일 이 지역의 남쪽 끝을 지났는데, 포인트 업우드Point Upwood로 명명했다. 이따금씩 카누를 탄 원주민들을 몇 명 만나기도 했는데, 원주민들은 승무원들에게 손질하거나 손질하지 않은 (빙어와 비슷하게 생긴) 생선을 선물로 주었다. 환대에 대해 답을 하려는 승무원들에게 원주민들은 구리보다는 철을 선호한다고 분명히 밝혔다. 또한 승무원들의 행동, 특히 머스킷 총을 쏘는

---

17) 밴쿠버 일행은 현재의 밴쿠버시의 북쪽 만을 항해하는 중이다.

18) 앤빌섬(Anvil Island)의 'anvil'은 대장간에서 뜨거운 쇠를 올려놓고 두드릴 때 받침으로 사용하는 쇳덩이인 모루의 의미이다.

행동을 흉내 내고 싶어 했는데, 원주민 한 사람은 아주 겁을 내거나 떨면서도 그 시늉을 했다. 승무원들은 원주민의 모든 행동을 자세히 지켜보았고 무한한 호기심을 가지고 피부색을 살펴보았다. 다른 점에서는 그들은 이전에 보았던 원주민들의 일반적 모습과 별로 다르지 않았다. 승무원들은 이들이 이전에 문명국에서 온 사람들과 한 번도 만나본 적이 없다고 생각했는데, 얇은 구리판으로 만든 조잡한 장식품 외에 유럽산 상품이나 장신구는 하고 있지 않았기 때문이었다. 거처는 찾을 수 없었으므로, 마을은 숲에 있는 것으로 결론을 내렸다.

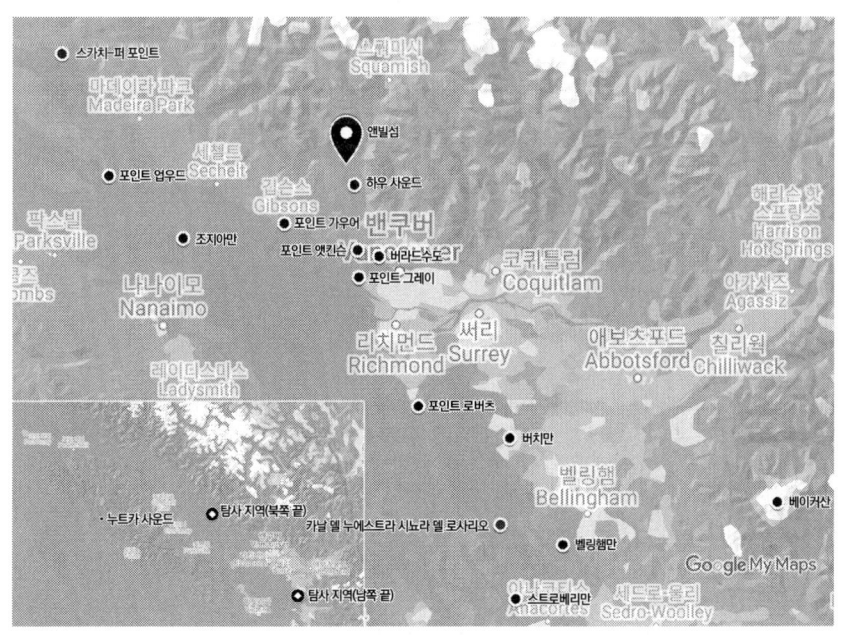

[지도 10] 밴쿠버 일대

6.4 스페인 해군선과의 조우

스페인 해군선과 만나다 북쪽으로 가다가 유사한 임무에 종사하도록 스페인 정부의 명을 받은 두 척의 스페인 배와 마주쳤는데, 밴쿠버 함장은 이들이 위에 언급한 만과 수도로 자신의 일행보다 더 들어와 있는 것을 발견하고 기분이 언짢았다. 하지만 배의 지휘관들의 행동은 아주 예의바르고 우호적이었는데, 스페인 민족의 기질이었다. 함장은 산블라스Saint Blaise Island 현재 멕시코 서해안에 위치한 제도와 캘리포니아의 스페인 해병대를 지휘하는 콰드라 사령관[19]이 세 척의 군함과 한 척의 브릭을 거느리고 대영국왕에게 그 영토를 되돌리는 것을 협상하기 위해 누트카에서 그의 도착을 기다리고 있다고 전했다.

원주민으로부터 물고기를 구매하다 새로 만난 예기치 않았던 친구들로부터 멀어져 승무원들은 모래톱을 따라 배를 몰았는데, 14파운드에서 200파운드 무게의 좋은 생선을 원주민들에게서 구매했기 때문에 이 모래톱에는 스터전 뱅크Sturgeon Bank[20]라는 이름을 붙였다. 위드비 마스터가 조사한 해안의 갈라진 곳은 넓은 만을 이루고 있었고, 벨링햄만Bellingham Bay으로 이름을 붙였다. 몇 그루의 작은 떡갈나무가 보이고 버지니아 향나무, 캐나다 딱총나무와 많은 검은 자작나무가 자라는 섬이 있는 곳은 버치만Birch Bay이라는 이름을 얻었다.[21]

---

[19] Signior 또는 Signor는 스페인어에서 남성에게 붙이는 존칭으로 여기서는 사령관에게 붙인 경칭이다. 후안 프란시스코 드 라 보데가 이 콰드라(Juan Francisco de la Bodega y Quadra, 1743~1794)는 페루 출신의 스페인 해군 장교로 산블라스의 스페인 해군기지에 배치되어 알래스카까지 북미대륙의 해안을 탐사했다.
[20] 스터전(sturgeon)은 철갑상어를 의미한다.
[21] 스터전 뱅크, 벨링햄만, 버치섬은 모두 미국의 워싱턴주에 속한 지명으로 항해기의 기록은 현재의 캐나다 밴쿠버 지역에서 다시 밴쿠버섬의 남쪽 바다로 내려온 상황을 묘사하고 있다. 내해와 만, 수로의 탐사가 채텀호나 작은 보트를 탄 대원들에 의해 이루어지는 경우 보고가 늦어져 날짜가 달라지는 경우가 있다.

24일 버치만을 벗어나 북서쪽으로 계속 항행했다. 25일 뒤에서 거리를 두고 따라오던 스페인 배를 기다려서 | 1792. 6. 24~25. 스페인 해군선의 지휘관과 식사

가까이 오자 배의 지휘관들과 함께 저녁을 같이 했다. 그리고는 카날 델 누에스트라 시뇨라 델 로사리오Canal del Nuestra Signora del Rosario[22]를 통해 항행했는데, 수로는 그 크기가 북서 33° 방향으로 남동쪽 포인트인 포인트 업우드로부터, 위도 49° 48′, 경도 235° 47′½에 위치한 페베다섬Island of Feveda의 북서 포인트인 포인트 마샬Point Marshall까지 10리그 정도였다. 저녁 다섯 시경 본토와 동서 방향으로 놓인 섬 사이를 통과했고, 함장은 섬을 세이버리섬Savary's Island으로 이름 지었다. 밤이 되어 32패덤 깊이의 바위 바닥에 닻을 내렸다. 동이 틀 무렵에 보니 사람이 살기 아주 어려울 것 같은, 떨어지고 험한 땅으로 둘러싸인, 바위가 많은 섬의 해안으로부터 반 마일 정도 떨어져 있었다. 조사를 해보니 대륙의 해안이 북서방향에서 이 만으로 향하는 동쪽 입구까지 거의 계속되었는데, 위도 50° 4½′, 경도 235° 25½′ 지점을 포인트 사라Point Sarah로 명명했다. 그 반대 지점은 포인트 메리Point Mary로 명명했는데, 북서 27° 방향으로 약 반 리그 거리에 위치했다.

이웃한 지역은 심지어 자연도 내버려둔 것처럼 보였는데 약간의 작은 양파와 샘파이어[23], 그저 그런 베리 열매가 몇 개 달린 관목이 흩어져 있었다. 두 척의 비어있는 카누와 몇 채의 버려진 주거를 보았다. 거기에 머무는 동안 이 버려진 곳을 조사했고, 목수들은 디스커버리호의 선수를 보수했다. 그리고 가문비나무 잎으로 가향한 제법 괜찮은 맥주도 만들었다.

---

22) 후안 데 푸카해협과 조지아해협을 연결하며 현재는 로사리오해협(Rosario Strait)으로 불린다. Nuestra Signora del Rosario는 'Our Lady of the Rosary'(묵주의 성모)라는 의미이다.
23) 샘파이어(samphire)는 해안의 바위 위에서 자라는 미나릿과 식물이다.

뷰트수도에서 원주민과 교역하다

채텀호의 마스터인 존스톤은 서북서와 북쪽 방향으로 불규칙한 넓이의 수도를 측량한 후에 북쪽 방향으로 작은 오프닝을 조사하고, 곧이어 약 1마일 넓이에 위도 50° 21', 경도 235° 9'에서 또 다른 오프닝을 찾아냈다. 이를 따라 우현 혹은 갑판에서 동쪽 해안 방향으로 갔는데 이쪽은 조밀했지만, 서쪽 편은 몇 마일 간 층이 관찰되었고 물로 나뉘어 있는 것 같았다. 이 수도는 뷰트수도Bute's Canal라는 이름을 얻었고, 여기에는 인디언 마을이 가파른 바위를 마주하고 위치해 있었다. 150여 명의 원주민 중 일부가 수도를 따라 올라가고 있는 존스톤 일행을 방문했다. 많은 사람이 아주 예의바르고 우호적인 태도로 신선한 청어를 많이 가져왔고, 공정하고 정직한 방식으로 못과 교환했다.

[그림 7] 뷰트수도 입구의 우호적인 인디언 마을

1792. 7. 5.

7월 5일 다른 그룹이 조지아만의 서쪽 면이, 여기서 반대쪽으로 포인트 마샬Point Marshall까지는 조밀하다는 것을 알아냈다. 해안으로부터 완만한 경사로 기분 좋은 비옥한 모습의 내륙의 산—일부는 눈으로 덮여있는—까지 상승했다. 이 해안을 따라서 계속 항진하여 작은 만으로 들어섰는데, 이곳은 포인트 머지Point Mudge로 명명했다.

배급받은 식량이 부족하고 근처 지역도 또한 고갈되었기 때문에 정박지는 데설럿24)섬Desolate Island으로 이름 붙였다. 뷰트수도로 들어가는 입구에 있는 둘레가 3~4리그인 둥근 섬은 스튜어트섬Stuart's Island으로 이름을 붙였고, 가파르고 거의 수직인 산 사이에 있는 1마일 너비의 수도는 러프버로우수도Loughberough's Canal라고 이름 붙였다. 남쪽으로 이르는 좁은 수도를 따라 서쪽 방향으로 작은 남쪽의 해안을 측량하다 주된 지류를 발견했는데, 그 지점에서 북쪽 방향을 따라 넓게 펼쳐져 있지만 서쪽으로의 경관은 작은 섬들로 크게 방해를 받았다. 그중에서 가장 서쪽의 섬은 얼리비에이션섬Alleviation Island으로 이름을 붙였다.

> 1792. 7. 16~20.
> 밴쿠버섬의 북동 해역 탐사

존스톤 마스터가 발견하고 조사한 수도는 경의를 표하기 위해 존스톤해협Johnstone's Straits으로, 그가 탐사한 섬은 하드위크섬Hardwicke's Island으로 이름 붙였다. 16일, 새로 불어오는 북서풍에 힘입어 곧 존스톤해협에 도달했고, 물길들의 합류지점으로 뚜렷하게 드러나는 지점을 통과했는데, 디스커버리호의 보조선 이름을 따서 포인트 채텀으로 이름을 붙였다. 이 지점에서 북서쪽으로 향한 만에 인디언 마을이 하나 있었고, 몇 명의 원주민이 승무원들을 방문하고자 했으나, 바람으로 인해 불가능했다. 바람이 세차서 북쪽 해안 32패덤 깊이에서 만에 머무르게 되었다. 닻을 내린 곳은 좁은 섬으로 썰로우섬Thurlow's Island이라는 이름을 얻었다. 다음 날 아침 3시, 닻을 올렸으나 바람이 부는 쪽으로 톱 세일을 두 번 축범한 상태에서 노를 저어야 했다. 11시쯤 수심 50패덤의 작은 만에 닻을 내렸다. 존스톤 마스터가 조사를 하지는 않았지만, 퓨젯 중위와 위드비 마스터가 이제 조사의 목적으로 론치와 커터로 파견되었던 섬은 포트 네빌Port

---

24) 'desolate'는 '황량한'의 의미이다.

Neville이라는 이름을 얻었다. 20일 아침에는 주변의 큰 마을이 보였다. 상급의 해달 모피를 가져온 방문객의 숫자로 보아 마을은 인구가 많은 듯했다. 마을의 족장은 일찍 방문을 했고, 주민들은 전반적으로 아주 질서가 잡혀 있었고 정중했다.

1792. 7. 26.
브로튼군도

채텀호가 역풍으로 인해 이따금씩 닻을 내려야 했으므로, 브로튼 중위의 주의를 끌었던 오프닝은 콜수도Call's Canal로, 다른 오프닝은 나이트수도Knight's Canal로 이름을 붙였다. 26일 육지의 가장자리를 포인트로 정했는데 그 생김새와 위치로 인해 위도 50° 52′, 경도 232° 29′ 지점에 딥시블러프Deep Sea Bluff라는 이름을 붙였다. 브로튼이 관찰한 광범위한 섬의 무리, 암석으로 된 작은 섬과 바위들은 그의 발견의 업적을 기념하여 브로튼군도Broughton's Archipelago로 이름을 지었다.

1792. 7. 28.
디스커버리호와 채텀호, 공동 탐사 착수

28일, 디스커버리호와 채텀호가 같이 딥시블러프까지로 이어지는 수도를 향해 북쪽으로 항행했는데, 이 수도를 밴쿠버 함장은 파이프수도Fife's Passage로 명명했다. 오후 2시쯤, 파이프수도로 들어섰고, (포인트 더프Point Duff로 명명된) 북위 50° 48′, 서경 233° 10′의 동쪽 끝 지점을 발견했다. 포인트 더프 근처에 있는 작은 바위섬은 관목으로 덮여있었고, 이 수도의 서쪽 포인트로서 포인트 고든Point Gordon이라 이름 붙인 곳은 포인트 더프에서 북서 83° 위치로, 해안에서 약간의 거리를 두고 몇 개의 백색의 헐벗은 바위로 되어있었다. 딥시블러프에 도착하여, 밤 11시경에 서쪽 편에 있는 작은 트인 곳에서 닻을 내렸는데, 수심은 70패덤이었고, 이곳을 포인트 필립Point Philip으로 명명했다. 측량하면서 계속 육지의 기슭을 뱃전에 두었고, 아주 복잡한 지류 사이로 2리그 가까이 방향을 동미북으로 잡았다. 그리고는 이웃에 있는 나머지 언덕들 위로 솟아있는, 불규칙적인 형태로 인해 눈에 잘 띄는 산기슭에서 평소처럼 측량을 마쳤다. 함장은 이 산을 스

티븐스산Mount Stephens으로 명명했고, 위도 51° 1′, 경도 233° 20′ 지점이었다. 여기서 조사를 하던 중, 바위섬에 위치한 작은 인디언 부락을 방문했다. 주민은 30-40명을 넘지 않았으며, 이전에 만났던 사람들처럼 질서정연하고 예의 발랐다. 조사를 마치면서 남서로 나 있는 오프닝을 향했는데, 이곳을 웰수도Well's Passage라고 명명했고, 서쪽 지점은 포인트 보일즈Point Boyles였다.

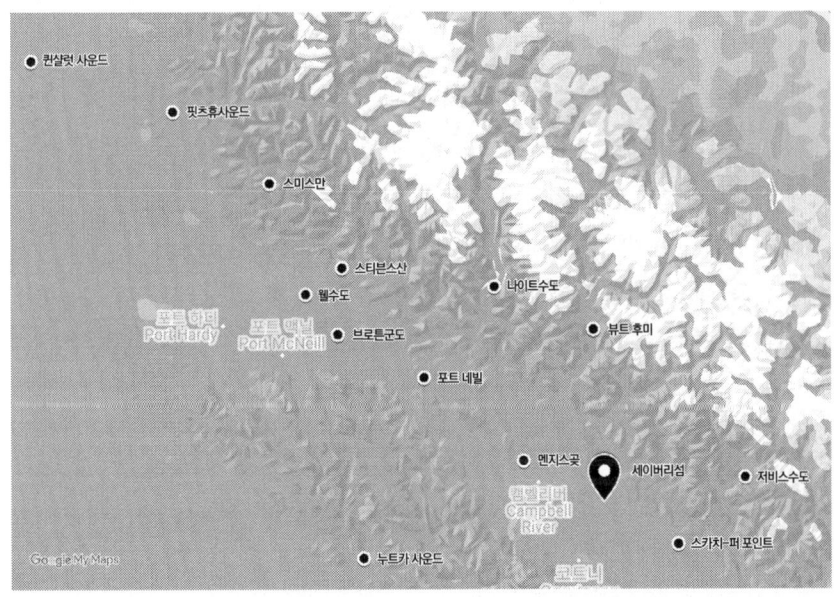

[지도 11] 누트카 사운드와 퀸샬럿 사운드 일대

6.5 디스커버리호 좌초

8월 6일, 남서방향에서 미풍이 불었고, 동이 틀 때까지 배는 바람을 안고 나아갔다. 미풍이 조용하고 아주 두꺼운 안개로 바뀌어, 주변의 모든 물체를 정오까지 가렸기 때문에, 수심 측정이 불가능했다. 안개가 사라지자, 그 전날 관찰했고 나아가려던

> 1792. 8. 6.
> 디스커버리호의 좌초와 채텀호의 구조 활동

제6장 아메리카 북서해안 탐사 99

해협에 들어섰음을 알았다. 해협에는 수많은 작은 바위섬이 흩어져 있었고, 기슭 쪽으로 바위들이 섬 무리로부터 뻗어있었다. 안개가 흩어지면서 가벼운 미풍이 북북서에서 불어왔는데, 디스커버리호가 바람이 불어오는 쪽으로 있다가 갑자기 꺼져있는 바위 바닥에 올라서게 되었다. 채텀호에 즉시 신호를 하여 상황을 알렸고, 채텀호는 곧 50패덤 깊이, 주선으로부터 1.5케이블 거리에 닻을 내리고 모든 보트를 동원하여 구조에 나섰다. 스트림 앵커를 내렸고, 배를 끌어올리려고 했으나 소용이 없었다.

배를 끌어올리니 닻이 돌아왔고, 이제 유일한 방편은 톱마스트와 야드 등을 내리고 스파와 여분의 중간돛대로 배를 지지해 올려 가능한 배를 가볍게 해서, 물에 띄우고 연료와 밸러스트 일부를 배 바깥으로 던져버리는 것뿐이었다.

배가 좌초되고 얼마 지나지 않아, 조수가 우현쪽으로 들어왔고, 선미가 물에 뜨게 되자, 배는 갑자기 회전해서 돛대의 하단이 우현쪽으로 상당히 기울어버렸는데, 암초가 있는 곳에서 보면 배가 한동안 아주 위급한 상황이었다. 가능한

[그림 8] 퀸샬럿 사운드의 암초에 좌초된 디스커버리호

한 속도를 내어 지지대²⁵⁾를 넘었지만, 그럼에도 불구하고 썰물이 되자, 우현의 주 체인이 바다 수면에서 3인치 이내가 되었다. 대양과 근접한 곳이었지만 이번에는 다행히도 큰 너울이나 동요는 없었다. 이 우울한 상황에서 조수가 되돌아와서 위안을 주기를 기다렸고, 지지대가 뜬다는 소식이 마침내 전해져 이루 말할 수 없이 기뻐했다. 7일 오전 2시쯤 배는 거의 바로 섰다. 선미 케이블로 끌어올렸고 더 많은 힘을 들이지 않고서 배를 별다른 손상 없이 다시 물에 띄우는 기쁨을 누렸다. 3시간의 휴식 후에 모두 배에 다시 장비를 채워 넣는 일을 했다. 존 터너John Turner 수병이 주돛대의 톱 갤런트 톱 로프²⁶⁾가 끊어지는 바람에 팔이 골절되는 불행을 겪었다.

움직일 준비가 되었고, 남서쪽에서 가벼운 미풍이 불어왔으나, 안전한 수로를 모르는 상황이라, 뭍의 기슭을 **1792. 8. 7. 좁은 수도에서 채텀호가 지체되다** 따라 앞에 보이는 곳을 따라 배의 진로를 잡았다. 좁은 수도였고 수면 위와 아래에서 증가하는 바위섬과 암초의 숫자로 인해 점점 더 복잡해졌다. 오후 5시경 디스커버리호는 가장 좁은 지역을 다행히 빠져나왔다. 6시경, 숨겨진 위험으로 채텀호의 진로가 막혔다. 디스커버리호는 수심 70패덤에 즉각 닻을 내렸고 도움을 주러 보트를 보내왔다. 채텀호는 최근에 심하게 타격을 받아 지지대로 사용한 여분의 톱 마스트 두 개를 완전히 쓸 수 없었으나, 1시 반이 지나서 물리적인 피해 없이 배를 움직이는 데 성공했다.

10일 금요일 오전, 미풍이 동에서 불어왔고, 퀸샬럿 사운드Queen Charlotte's Sound²⁷⁾ 건너편에 위치했다. 이곳은 스미스만Smith's Inlet의 입구 **1792. 8. 10–16. 세이프티 코브**

---

25) 지지대(shoar 또는 shore)는 선박 건조 시 선박의 늑재 또는 뼈대의 외부를 지탱하는 목재 중의 하나이다.
26) 톱 갤런트 톱 로프(top gallant top-rope)는 톱 마스트 위에 다는 작은 돛대를 묶는 로프이다.
27) 영국왕 조지 3세의 왕비의 이름을 따서 붙여졌다.

로서 스미스만에는 소란스레 비가 내리는 날씨인 14일에 도착했다. 16일, 스미스만의 북쪽으로 1리그 정도에 위치한 또 다른 포인트로 들어갔고, 이곳은 리버수도River's Canal로 이름을 지었다. 현재 위치는 처음에는 던컨Duncan[28])이 이미 발견한 포트 세이프티Port Safety와 유사한 점이 있었으나, 구체적인 점을 본다면 물리적으로는 아주 달랐다. 깊이와 거리가 명백하게 불일치함에도 불구하고, 몇 명은 같은 곳이라는 주장을 했으므로, 함장은 세이프티 코브Safety Cove로 명명하였다.

답사를 목적으로 존스톤, 멘지스 외 몇 사람으로 구성된 팀이 만의 좁은 지류를 따라갔고, 북위 51° 57′로 남, 남서쪽으로 바람이 불고 있었다. 계속해서 만의 중심 지류로 나아갔는데 이 지류는 넓이가 1마일에서 2마일에 이르렀다. 북동쪽 방향에 있는, 밴쿠버 함장이 멘지스곶Point Menzies이라 이름한 지점에로 나아갔는데 이곳에서 만은 세 지류로 나뉜다. 첫 지류는 북서쪽으로, 둘째는 북쪽으로, 마지막은 남쪽으로 향한다.

---

28) 애덤 던컨(Adam Duncan, 1731-1804)은 노리치호(HMS Norwich)를 타고 1755년 북미 해안을 탐사했으며, 1797년 10월 네덜란드 함대를 격파한 영국 해군 제독이었다.

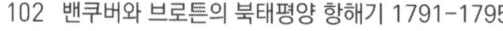

누트카 회담과 미션 방문

7.1 밴쿠버 함장과 콰드라 사령관 간의 회담

1792. 8. 28. 피츠휴 사운드[1]에서 누트카 사운드Nootka Sound에 8월 28일 도착하는 항해 동안 특별한 일은 일어나지 않았다.

밴쿠버 함장은 누트카에 도착하기 얼마 전과 도착시점에 그곳에 있는 여러 정착지의 스페인 지휘관들과 다른 장교들로부터 최고의 대우와 우정을 경험했다.

[그림 9] 누트카 사운드의 프렌들리만

1792. 8. 30.
밴쿠버 함장과 콰드라 사령관과의 첫 회담

밴쿠버 함장이 아침식사를 한 디스커버리호에서 함장과 누트카에 주둔하고 있던 스페인 함대 콰드라 사령관의 첫 만남은 너무 잘 어울렸고 화기애애함이 넘쳤다. 그리고 다음날, 콰드라 사령관의 초청이 있었고, 그와 식사를 같이 하기 위해 밴쿠버 함장을 수행할 수 있는 최대 인원수의 장교들이 육지에 동행했는데, 그런 장소에

---

1) 피츠휴 사운드(Fitzhugh's Sound)는 피츠 휴(Fitz Hugh) 사운드라고도 쓰며, 오늘날 캐나다 밴쿠버섬의 북단에서 북동쪽으로 약 80킬로미터 떨어져 있으며, 누트카 사운드에서는 북동쪽으로 뱃길로 약 400킬로미터 떨어져 있다.

서의 회담에서는 생각할 수 없는 호화로운 연회에 그들 모두는 깜짝 놀랐다. 넘쳐나는 최고의 서비스를 포함하여 다섯 코스로 이루어진 식사가 아주 우아하게 제공되었다. 영국과 스페인 양국 국왕의 건강을 위한 건배와 함께 예포가 발사되었고, 디스커버리호와 채텀호가 관여한 일의 성공을 비는 17발의 예포가 발사되었다. 이 우호적인 교류 이후에 밴쿠버 함장은 그의 텐트, 관측기, 크로노미터, 그리고 다른 기구들을 육지로 보내고, 일시적 정착과 배와 보트들을 수리하기 위한 모든 준비가 이루어지도록 했다. 그리고 1790년 10월 28일 두 나라 사이에 이루어진 협약[2]의 첫 항과 1791년 5월 12일 스페인 장관 플로리다 블란카 백작[3]의 지시 서신에 요구된 영토를 포함한 그 이외의 것들의 이양에 관한 주요한 업무를 협상하고 매듭짓기 위한 준비를 했다.

그런 다음 콰드라 사령관이 시작한 서신 왕래가 이루어졌다. 그가 밴쿠버 함장에게 보낸 장문의 편지에는 1789년 돈 에스테반 조셉 마르티네즈[4]로부터 아르고노트호와 상선 프린스 로얄 브리티시호의 나포와 관련하여 그가 알게 된 여러 가지 상황에 대한 상세한 내용이 담겨있었다. 돈 에스테반 조셉 마르티네즈는 최초로 누트카항을 소유했던 사람이고, 그 소유로 스페인 왕의 선취권의 근거로 삼았고, 뉴스페인[5] 총독의 명령하에서 움직

1792. 9. 1.
콰드라 사령관의 문서

---

2) 1790년 10월 28일 스페인과 영국은 기존에 스페인이 태평양 북서지역에서의 정착지와 무역에 대해 주장한 독점권을 거두어들이는 내용의 누트카협약에 서명했다.

3) 호세 모니뇨 이 레돈도 (José Moñino y Redondo, 1728~1808)는 플로리다 블란카 백작(Count Florida Blanca)으로 불리는 스페인의 정치가로 특히 18세기 스페인의 외교 정책에 큰 영향을 끼친 인물이다.

4) 돈 에스테반 호세 마르티네즈(Esteban José Martínez Fernández 1742~1798)는 스페인 항해자이자 탐사가로서 태평양 북서지역에 대한 스페인 탐사의 중심인물이다. 1789년 초, 그는 1788년 미어스가 누트카 사운드에 세운 요새와 땅을 점령하고 산미젤 요새를 지었다. 마르티네즈는 미어스의 휘하인 콜넷 선장의 아르고노트호를 비롯하여 몇 척의 영국배를 나포함으로써 누트카 위기를 고조시켰다.

5) 현재의 멕시코로 스페인어로는 누에바에스파냐(Nueva Espana)로 불렸던 스페인의 직할 식민지이다.

인다. 그 서한은 여러 서류들과 함께 왔는데 모든 것이 마르티네즈가 행한 일들을 정당화하고 아르고노트라 불린 영국 배를 지휘하고 있던 콜넷Colnett 선장을 비난하는 데에 맞추어졌다. 콜넷 선장은, 스페인 문서에 의하면, 그의 생각을 그곳의 상업에 국한하지 않고 스스로를 강화하길 원했고, 영국 상관[6]을 세우려고 하는 과정에서 마르티네즈가 그를 체포했다. 체포 후 산블라스에 있는 스페인 정착지에 그를 보냈다. 이처럼, 그는 가장 분명한 방식으로 미어스 선장[7]이 제시한 부상이나 편견 그리고 강탈 등은 터무니없었다는 것을 보여주기 위해 서신을 보냈다.

편지 내용을 전체적으로 보면, 아메리카 북서해안의 우리 영국과 미국무역상들은 스페인 정착지에서의 불법행위와 그 지역의 무지한 원주민과의 밀매에 있어 속이고 폐를 끼친 것에 대해 비난받아 마땅해 보였다. 그러나 소급 수사에 착수하는 것은 밴쿠버의 일이 아니었다. 그래서 함장은 아주 조심스럽게 수사를 거절하고, 그가 지시받은 사항의 정확한 이행에 몰두하였다. 이렇게 하여, 가장 만족할 수 있는 결과를 낳았다.

1792. 9. 2.
콰드라 사령관과의 회담 재개

밴쿠버 함장은 콰드라 사령관을 다시 방문했고, 여기서 콰드라 사령관은 그에게 이양될 영토를 누구에게 남겨주기를 원하는지 그에게 알려 주기를 요청했다. 사령관은 채텀호의 브로튼이 될 것이라는 대답을 듣고 즉각적으로 물품저장고를 청소하라고 지시했다. 또한 디스커버리호 군인들의 임무 수행을 위해 최근에 새로운 큰 오븐을 만들게 했었고,

---

6) 상관(factory)은 영국의 해외 출장소 또는 재외상관(在外商館)을 뜻한다.

7) 존 미어스(John Meares, c.1756~1809)는 영국의 항해가 겸 모피무역상으로 영국과 스페인 간의 누트카 위기를 초래한 인물이다. 해군에 복무하다 포르투갈 선적의 배로 북미에서 모피무역에 종사하다가 누트카 사운드에서 원주민에게 약간의 땅을 구입하여 건물을 지었다. 그가 중국에 있는 동안 미어스의 배들이 스페인 배에 나포되자 미어스는 영국으로 돌아와 자신의 누트카에 대한 소유권과 손실을 과장해서 알리면서 영국과 스페인 간에 전쟁이 예상되었다. 위기는 밴쿠버 일행과 콰드라 사령관 사이의 누트카 회담 협정 문서 교환으로 마무리되었다.

모든 집을 수리하게 했으며, 정원을 다듬기 위해 정원사들을 채용했다. 또한 그는 많은 가금류, 흑우, 그리고 돼지를 그들에게 제공했고, 남쪽으로의 항해 때 필요한 양만을 가져가고 브로튼을 위해 밭에 뿌릴 여러 종의 많은 씨앗과 함께 나머지는 남겨 두겠다고 말했다.

이런 예우에 더하여, 콰드라 사령관은 몇몇의 스페인 장교들과 함께 이웃마을 방문에 영국 사령관과 그의 장교들을 동행했고, 그 지역의 족장들을 그들에게 소개했다.   1792. 9. 4.

그리고 콰드라 사령관은 마침내 남쪽으로의 밴쿠버 함장의 조사에 그와 동행할 것을 제안하면서 그가 방문하기를 원하는 어떤 스페인 항구에서도 조사를 행하도록 했다. 아니면 밴쿠버 함장이 먼저 출발하고 그가 적당하다고 생각되는 어떤 곳에서, 이 목적으로는 산프란체스코나 몬테레이 Monterrey를 추천하면서, 그의 두착을 기다리는 것을 제안했다. 그러나 결국, 두 사령관 간의 견해 차이로 인해 밴쿠버 함장이 국왕으로부터 받은 명령이 요구한 누트카 반환은 이루어지지 않았다. 왜냐하면 콰드라 사령관은 협약의 첫 항에 있는 *땅, 구역, 구획*이라고 표현된 대상들로 간주될 수 없는 미어스의 집과 요새가 위치했던 동일한 공간만을 내주겠다고 제안했기 때문이다. 그래서 협상은 결렬되었고 함장은 해군성 위원회[8]에 그의 임무 수행결과를 보고하는 서신을 썼고, 이를 그의 일등 중위인 머지에게 일기의 주요 부분의 발췌본과 해안 측량 자료의 사본과 함께 맡겼다. 머지의 통행은 중국으로 향하는 배를 타기로 했고, 중국에서 그는 공문을 가지고 영국으로 출발할 예정이었다. 함장은 이 지역에서 그가 어떤 행동을 취할지 추가적인 지시와 함께 중위가 신속하게 귀환하리라는 기대를 할 충분한 이유가 있다고 생각했다.

1792. 9. 5.
협상 결렬

---

8) 해군성 위원회(Lords of the Admiralty)는 정치가들과 해군 장성들로 구성된 해군의 의결기관이다.

콰드라 사령관의 도움   한편으로 두 사람 사이의 우호적인 교류는 계속되었고, 디스커버리호의 계속되는 항해에서 우리 항해자들에게 준 콰드라 사령관의 도움은 아주 효과적이어서 누트카의 이양과 관련해 마치 어떤 감정의 차이도 없었던 것처럼 보였다.

[그림 10] 몬테레이강 근처에 있는 특이한 모습의 산

7.2 산프란체스코 미션 방문

1792. 11. 15. 산프란체스코항 도착   따라서 그들은 최고로 화기애애하게 헤어졌고 항해자들은 남쪽으로 해안을 따라 조사를 계속했다. 11월 15일 이른 아침에 산프란체스코 미션[9]이라 불리는 아주 주요한 스페인 정착시설에 가기 위해서 가장 가까운 해안으로부터 ¾마일 안에 있는 매우 훌륭한 만에 정박했다. 주변 언덕에서 풀을 뜯고 있는 소떼와 양떼는 너무나 오래간만에 보는 모습이었다. 이것

---

9) 미션(mission)은 전도를 위한 시설로, 주로 아메리카대륙에서 예수회나 프란시스코회 등의 수도회에서 원주민 전도를 목적으로 건설했다.

은 소유주의 거주지가 멀리 떨어져 있지 않음을 말해 주었다. 일출 때에 기[10]를 게양하고 예포를 쏘았다. 잠시 후 몇몇 사람들이 말을 타고 언덕 뒤에서 해변으로 내려오는 것이 보였다. 그들은 모자를 벗어 흔들며 보트를 보내 달라는 신호를 보냈고, 즉시 해변으로 보트가 보내졌다. 보트가 돌아왔을 때, 산프란체스코 수도회의 신부와 스페인 군의 하사관들이 함장을 아침식사에 초대했다.

신부는 우리가 도착했을 때 그가 느낀 반가움을 표현했고 그와 미션이 가진 권한으로 모든 음식과 서비스를 제공할 것을 확실히 했다. 이는 아마도 조건 없이 행하는 것으로 그들이 갖는 특별한 의무감으로 봉사하는 것이었다. 한 하사관이 가장 우호적인 방식으로 자신을 소개했고, 그는 우리 일행이 도착했을 때 그 정착지에서 제공할 수 있는 모든 숙소를 지휘관이 없어도 제공하라는 지시를 받았다고 함장에게 전했다. 사령관이 돌아와서는 디스커버리호에 승선했고 앞선 방문에서 받았던 것과 같은 서비스를 똑같이 제공했다. 사령관은 콰드라 사령관이 몬테레이 정착지에서 함장을 기다리고 있다고 전했다. 이 정중한 환대는 콰드라 사령관을 통해 이 사령관과 인근 정착지들과 수사들의 거주지에 스페인 궁정이 명령을 내렸기 때문이었다. 결과적으로 우리 영국인들은 이곳에서 아주 기분 좋은 시간을 보냈다. 배들은 충분한 나무와 물을 실었고 누트카를 떠난 이후 혹독한 날씨로 입은 피해를 수리했다.

> 1792. 11. 17.
> 요새 방문

산프란체스코항을 조금밖에 보지 못했지만 항구는 두 방향으로 아주 넓게 뻗어있다고 결론지을 수 있었다. 한 널찍한 지류는 아침에 떠난 원주민 영역으로부터 아주 먼 거리로 동쪽과 남동쪽으로 향해 있었다. 보기에 동일한 규모의 다른 한 지류는 몇 개의 섬이 있는 북쪽으로 나있었다. 첫 번째 지류의 근처에는 산클라라 미션이 자리하고 있었다. 수사들의 거주지를 *미션*이라 부른다. 11월 17일, 이 지역에서 안전수비대를 의미하는 것으로 그들

---

10) 영국 국기(the Union Jack 또는 the Union Flag)를 의미한다.

의 군 기관들에 부여한 호칭인 *요새presidio*로 말을 타고 갔다. 요새는 정박한 곳에서 1마일도 안 되는 곳에 있어 곧 도착했다. 그 성벽은 항구의 배에서 보였다. 예상한 도시의 마을이라기보다는 낮은 산으로 둘러싸인 광활한 푸른 평원으로 안내되었다. 약 200야드 길이의 진흙성벽으로 에워싸인 쪽만이 예외적으로 사람의 손으로 만들어진 유일한 것으로 보였다. 군인의 아내들, 여자들, 인디언 하인들과 함께 35명에 달하는 요새의 스페인 군인들이 그곳 거주자 전부였다. 그들의 집은 광장 안에 담을 따라 있었고 집의 앞쪽은 일률적으로 같은 거리로 환하게 트인 공간 쪽으로 펼쳐져 있었다. 유일한 입구인 관문의 반대쪽은 성당이고, 작기는 하지만 단정함에 있어 다른 어떤 건물보다도 우수하고 조가비로 만든 석회로 된 유일한 흰색 건물이다.

[그림 11] 몬테레이 요새

사령관의 가족

성당의 왼쪽에 사령관의 집이 있는데 이 집은 (함장이 생각한 것처럼) 거대한 벽으로만 나누어진 두 개의 방과 벽장으로 되어있고 출입은 아주 작은 문을 통해야 했다. 이런 집과 바깥벽 사이에는 잘 갖추어진 양계장과 마당이 있었고, 지붕과 방의 천장 사이는 일종의 잡동사니 다락방이었다. 함장이 지낸 곳은 길이가 약 30피트, 넓이가 14피트, 높이가 12피트인 집이었다. 친절함과 따뜻한 환영으로 그 집은 더욱 우아하게 느껴졌다. 그 집의 마음씨 좋은 안주인은 그녀의 남편 못지않게 손님들에게 신경을 썼다. 그녀는 단정하게 차려 입고, 문 앞 가까이, 바닥에서 3-4인치 올라온 조그마하고 네모 난 나무로 된 단 위에 놓인 매트 위에 다리를 꼬고 앉아 있었다. 마찬가지로 단정하게 입은 두 딸과 아들이 그녀의 옆에 앉아 있었다. 그것은 이 숙녀들이 시선을 받았을 때 그들이 보이는 일반적인 태도이다. 아이들의 행동은 넘치도록 공손했고 즐거움을 주었다.

다음 날(11월 18일) 요새로부터 동쪽으로 약 1리그 거리에 있는 미션을 찾았다. 길이 울퉁불퉁해서 아주 힘든 여행이었다. 건물들이 완벽한 사각의 안뜰을 형성하기보다는 광장의 두 면만을 에워싸고 있는 것을 제외하고는 위치와 외관에 있어 요새와 아주 많이 닮았다. 신부들이 일행을 아주 정중하고 다정하게 맞아 주었고 곧바로 가까이에 있고 성당과 내통되는 거처로 안내되었다. 집들은 길쭉한 사각형으로 만들어져 있었고 성당의 측면은 합쳐져 하나가 되는 형태로 되어 있었다. 그 가까이에 신부들에게 할당된 집들이 있었다. 어떤 집들은 곡식을 저장하는 용도였고, 어느 곳도 곡식이 많이 채워지지는 않았다. 시야에 들어오는 반경 내에서는 (작물을) 키우는 곳은 안 보였다. 한 커다란 방은 이웃동네에서 생산된 양모로 거친 종류의 담요를 만드는 작업자들이 차지하고 있었다. 베틀은 신부의 직접 지시하에 인디언들이 만들었고 이 제조소에서 나온 제품은 개종한 인디언들의 의복에 전적으로 사용된다. 털실을 준비하고 또한 실을 잣고 짜는 일은 광장 안에 사는 미혼 여자들과 어린 여자아이들이 했고 이들은 로마 가톨릭 신앙으로 개종 상태에 있었다. 천은 결코 저급하지 않았다. 천을 짜는 일 이외에도 그들은 또한 결혼 전까지 다양하고 유용한 분야에서 교육을 받는데, 이는 매우 권장된다.

**1792. 11. 18
미션 방문**

신부들과 원주민

　이 수도회는 한결같고 친절한 성향으로, 그들의 관심에 대해서 (보고에 따르면) 원주민의 사랑을 꾸준히 받아왔다. 이것은 보호받지 못한 신부들의 신분을 고려할 때 아주 좋은 상황이다. 세 명의 신부가 있었고, 그들은 단지 다섯 명의 군인에 의해 보호를 받고 있었는데, 이 군인들은 성당의 다른 쪽에서 조금 떨어진 거리에 있는 미션의 건물에 있는 하사관의 지휘하에서 생활했다. 파괴를 위한 음모가 있다면, 곧 붕괴되었을 것이다. 미션 근처에 있다고 하는 마을의 600명의 인디언들이 음모자들에게 동조할 것이 분명했기 때문이었다. 대부분이 가톨릭으로 개종했다고 함장이 들었지만, 훌륭한 목회자의 모든 가르침과 노고의 본보기를 철저히 무관심하게 대했기 때문에 그들이 개종으로 얻은 것은 거의 없었다. 그들은 여전히 개인과 주거지의 청결을 혐오하는, 극도로 비참한 미개 상태에 머물러 있었다. 그들은 일반적으로 몸이 중간 크기 이하였고 이상한 모습이었다. 그들의 이목구비는 못생겼고 그들의 얼굴에는 어떤 표정도 없었다.

　교회의 규모, 건축, 그리고 내부 장식에 대해 그 교회는 교회건축가들의 도움을 크게 받았다. 이 전당은 다른 초라한 거주지들과 비교했을 때 모든 관심을 신부들에게로 끌어 모으는 것 같다. 물질적으로 소중한 그들의 밭조차도 비옥한 토양에도 불구하고 경작률이 높지 않았다.

　수도원에 돌아와서 함장과 일행들은 소고기, 양고기, 생선, 닭, 그리고 그들의 밭에서 재배한 야채로 우아하고 풍성하게 대접받았다. 미션은 1778년에 건립되었다고 들었으며,[11] 스페인 궁정이 북서 아메리카 대륙 해안 혹은 가까운 섬들에 세운 최북단 정착시설 중의 하나이다.

---

[11] 산프란체스코 미션은 현재의 샌프란시스코에 세워진 가장 오래된 스페인 미션으로 정확히는 1776년에 건설되었다.

7.3 산클라라 미션 방문

다음 방문지는 산프란체스코로부터 약 40마일 떨어진 곳에 있는 산클라라 미션[12]이라 불린 또 다른 정착지로, 그곳에는 말을 타고 갔다. 여기서 산프란체스코에서와 같은 따뜻한 환영을 받았다. 건물과 사무실들이 광장을 만들고 있었지만, 완전히 에워싸여 있지는 않았다. 산클라라는 주변 지역과 마찬가지로 비옥한 검은색의 생산력이 높은 토양으로 이루어진 넓고 기름진 평원에 위치하고 있었다. 함장은 신부들의 미션이 낮은 습지에 세워져, 미션과 멀지 않은 거리에 있는 평원의 다른 많은 건물들에 비해 적절하지 않다고 생각했다. 신부들의 집은 가까이로 지나가는 흐르는 맑은 물 근처에 있기 위

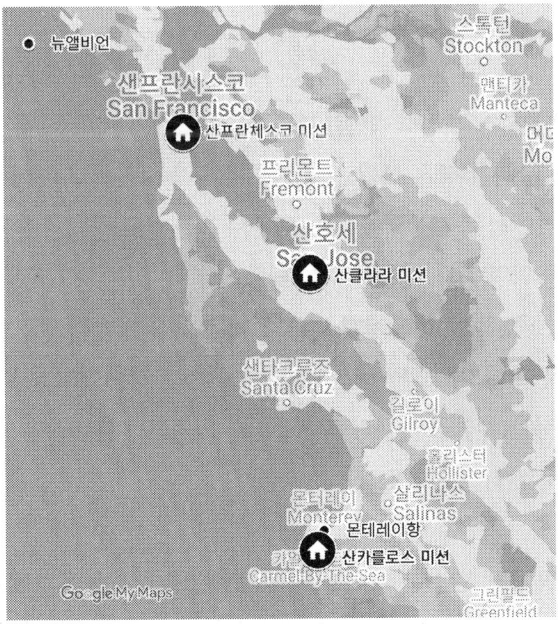

> 1792. 11. 20.
> 산클라라 미션 방문

[지도 12] 밴쿠버 일행이 방문한 미션들

---

12) 산클라라 미션은 현재 캘리포니아 산타클라라에 위치한 스페인의 전교시설로 1777년에 세워졌다.

해 그곳에 세워졌고, 이 집들은 산프란체스코에 있는 신부들 집과 같은 배치로 교회와 연결되도록 교회 가까이에 세워졌다. 신부들이 거주하는 광장에 있는 집들은 앞선 미션에서의 그것들과 같은 목적으로 선택되어 교육받은 많은 젊은 인디언 여성들에게 배당되었다. 그들은 밀, 옥수수, 완두콩 그리고 콩류를 재배했는데 엄청나게 다양한 콩들을 재배했고 전체적으로 그들이 필요한 것보다 훨씬 많은 양이었다.

오크 목재   이 지역에서는 떡갈나무가 대표적인 목재로 보인다. 시설 가까이에 이런 종류의 나무는 측정된 둘레가 15피트나 되었다. 함장은 여행길에서 몇몇의 더 큰 나무들을 지나왔다고 확신했다. 이런 오크 목재는 유럽에서 생산되는 목재와 품질 면에서 동일하다고 알려져 있다.

1792. 11. 27.
몬테레이항에서 콰드라 사령관을 만나다   스페인 사람들에게 아주 잘 알려진 유명한 몬테레이항에서 상호 간의 예우와 통상적인 해군의 례가 있고 난 후에, 함장은 그의 친구 콰드라 사령관을 만난 것에 만족했다. 사령관이 이 해안에서 상업활동을 하는 모든 배들을 나포하라는 명령과 영국인들의 배만은 조금의 방해나 괴롭힘 없이 활동을 할 수 있는 예외라는 것을 스페인 궁정으로부터 전달받아 함장에게 전했기 때문이다. 이러한 명령으로 인해, 함장과 사령관은 그들 각자의 국왕이 조정을 거쳐 누트카에서 영토와 관련해서 맺은 모든 협정을 마침내 마무리했다고 믿게 되었고, 이런 생각은 그들의 개인적인 연대를 더 강하게 만들었다.

해군성에 보고   밴쿠버 함장은 이제 아래의 내용으로 해군성에 새로운 서신을 보내는 것이 적절하다고 판단했다. 그 내용은 이런 지역에서 이루어지는 상업 활동의 추가적 수행을 통해 얻을 수 있는 국가적 이익에 관해서든, 실행이 될 수 있다면 무역을 보호하고 촉진하기 위해 해안에 영구적 시설을 세

우기에 가장 적절한 위치에 관해서든, 이런 (양자 간의) 대화를 통해서만 정당하고 합리적인 결론의 도출이 가능하다는 것이었다. 그는 또한 자신이 탐사한 곳보다 훨씬 북쪽지역에 위치한 스페인 발견지들의 모든 해도를 가지게 되었다.

브로튼 중위는 이런 문서들을 위임받았고, 이 경우에 대한 스페인 사령관의 관대한 조치는 (다음의) 밴쿠버 함장 본인의 말로 재인용될 만하다. "이번 경우에 있어, 만약 콰드라 사령관의 의중과 스페인 궁정의 처분이 양립할 수 있다면 브로튼이 뉴스페인을 경유하여 잉글랜드로 가는 것을 허락해 줄 것을 콰드라 사령관에게 요청했다. 여기에 대해 콰드라 사령관은 조금의 주저함도 없이 가장 우호적인 태도로 브로튼은 산블라스[13]까지 그와 동행할 수 있으며, 이 동행에서 그는 브로튼에게 금전과 다른 필수품을 그의 능력 내에서 최대한 지원해서, 아메리카대륙을 가로지르는 고된 여행이지만, 일의 본질에서 기대되는 즐거움을 최대한 누릴 수 있도록 기여하겠다고 대답했다." 출발 전에 브로튼은 또한 몬테레이 근처의 산카를로스[14]로의 기분 좋은 나들이에 두 명의 사령관과 몇몇의 영국 장교, 그리고 스페인 장교들과 동행하는 즐거움을 누렸다.

브로튼 항해에 대한 콰드라 사령관의 원조

---

[13] 브로튼은 1793년 1월 12일 스페인 해군선 악티바호(Activa)를 타고 몬테레이를 떠나 2월 1일 산블라스에 도착했다. 이후 브로튼은 도보로 뉴스페인을 횡단하여 멕시코시티에 3월 8일 도착하였고, 베라크루즈(Vera Cruz)에는 3월 23일 도착했다. 거기서부터 스페인 해군선 미네르바호(Minerva)로 쿠바의 아바나를 향하여 4월 17일 출항했다. 1793년 7월 16일 영국 해군성에 누트카 회담 협정 문서를 전달하였다.

[14] 산카를로스 미션은 정식 명칭이 'Mission San Carlos Borromeo del Río Carmelo'로서 1797년 몬테레이에 프란시스코수도회에 의해 세워졌다.

7.4 산카를로스 미션 방문

**1792. 12. 2.
산카를로스 미션 방문**

이 시설은 몬테레이 요새에서 남동쪽으로 약 1리그 떨어진 곳에 있다. 두 곳 사이의 길은 많은 나무가 산재해 있는 몇몇 가파른 언덕과 움푹 파인 계곡 위에 놓여 있다. 길은 기분 좋은 초록의 풀로 덮여 있었다. 지역의 전반적 모습은 생기 있었고 그들의 나들이도 역시 아주 즐거웠다. 그들이 도착했을 때 미션의 입구에서 종이 울렸고, 신부들의 환대는 그들의 방문에 신부들이 만족하고 즐거한다는 것을 방증하는 것이었다. 이 건물들의 설계, 건축, 그리고 자재들은 산프란체스코와 산클라라의 그것들과 유사했으나 조금 작았다. 농작물도 또한 동일한 한정된 규모에서 같은 방식으로 재배되었다. 이 이웃에 인디언 촌이 있었는데 보기에는 작아 보였지만, 이 미션의 직접적인 관할하에 있는 거주자의 수는 800명에 이른다고 한다.

[그림 12] 몬테레이 근처의 산카를로스 미션

콰드라 사령관의 관대한 조치에 대해 한 예를 들면, 그 자신뿐 아니라 그의 관할에서 어느 누구도 어떤 돈도 받는 것을 허락하지 않았으며, 밴쿠버 함장의 명령하에서 배에서 사용할 목적으로 때때로 전달되는 저장품과 소와 음식에 대한 어떤 보상도 전달되는 것을 거부했다. 그리고 이것에 대해 밴쿠버 함장이 불평했을 때, 오직 (다음의) 너그러운 답을 듣게 되었는데, 콰드라 사령관이 관여할 수 있는 유일한 정착지가, 그 지역이 제공할 수 있는 모든 공급품이 우리의 바람을 충족시키는 그런 정착지이고, 모든 생명체와 산물이 그들 자신의 용도로 쓰이든 다른 목적을 위해 운명 지어졌든, 그들에 주의를 기울여 약속된 성공에 의해 상환이 풍부하게 이루어지는 곳이 되길 바란다는 답이었다. 우리 승무원들이 거의 같은 지역인 몬테레이만에 정박한 1793년 10월에 당시의 몬테레이의 사령관으로부터 매우 다르고 무례한 대접을 받았기 때문에, 그 전년(前年) 11월과 12월에 산프란체스코 요새 근교에서 크게 환대받았던 사실을 기록하는 것이 더욱 중요하다.

> 콰드라 사령관의 관대함

두 번째 샌드위치제도 방문과 원주민의 처형

8.1 디덜러스호의 참극

디덜러스호, 누트카에 도착

해군성 위원회의 지시로 밴쿠버 함장은 누트카나 샌드위치제도의 어느 한 곳에 물자 수송선 디덜러스호가 도착하기를 기다렸다. 디덜러스호는 디스커버리호와 채텀호가 필요한 물자를 전달하고, 그런 다음, 보타니 베이Botany Bay 현재 호주의 시드니에 있는 만의 잭슨항에 있는 식민지에서 사용하도록 신선한 소와 다른 식량을 실어 디덜러스호를 보내는 것이 좋겠다고 판단될 때까지 그의 명령하에 머무를 예정이었다. 디덜러스호는 밴쿠버 함장이 탐사를 위해 처음으로 자리를 비운 사이에 누트카에 도착했다. 그러나 디덜러스호의 항해 중에 침울한 일이 있었다.[1] 디덜러스호가 오와이히에서 떠났다는 것을 토마스 마스터가 말했는데, 오와이히는 밴쿠버 함장이 워아후섬의 북서 방향으로 허게스트 중위[2]를 만나기 위해 그곳을 떠났다는 연락을 허게스트가 받은 곳이다. 1792년 5월 7일 디덜러스호는 만에 도착했고, 허게스트는 처음에는 (그곳이) 샌드위치제도에 있는 어떤 이웃 거주자들보다도 야만적이고 기만적이라 생각하여 그곳에 정박하지 않기로 결정했었다. 그러나 불행히도 그는 그 후에 그의 앞선 현명한 결심을 뒤엎고 배를 정박하도록 명령했다.

디덜러스호 승무원에게 일어난 참극

커터가 내려진 다음 원주민들로부터 물을 사기에 편리하도록 선미를 틀었고, 금방 채워질 세 개의 통이 차기 전에 허게스트는 채워진 통을 들어내고 빈 통을 놓도록 커터에 타고 있는 승무원들에 명령했다. 그런 다음 허게스트는 천문학자 구치와 동행하여 육지로 올랐고, 다른 보트가

---

1) 디덜러스호의 참극(1792년 3월 발생)에 관한 소식을 밴쿠버 함장은 북미 서해안 탐사 도중(1792년 8월) 처음 접했고, 샌드위치제도를 두 번째 방문(1793년 3월)했을 때 사건을 처리했다.

2) 리처드 허게스트(Richard Hergest, 1754-1795)는 제임스 쿡 함장의 제2차와 제3차 세계일주 항해에 동행한 적이 있으며, 물자 수송선 디덜러스호의 지휘관이었다. 그의 사후 밴쿠버 함장은 오늘날 마르케사스제도의 일부를 그를 기념하여 허게스트제도로 명명했다.

물을 얻기 위해 출발했다. 승선한 사람들은 어두워질 때까지 계속해서 식량을 실었다. 육지로 갔던 여덟 명 중 다섯 명만을 태운 커터가 돌아왔고, 그들로부터 참담한 소식을 들었다. 허게스트와 구치, 그리고 두 개의 물통을 채우기 위해 육지에 내린 무장하지 않은 보트의 두 승무원을 원주민들이 그들의 비무장 상태를 인지하고 바로 공격하여 그들 중 하나를 죽이고 두 명을 끌고 갔다. 아주 건장하고 활달한 다른 승무원은 수많은 야만인들로부터 탈출해서 보트로 도망쳤다. 다른 두 승무원이 장총 두 자루를 가지고 장교들을 구출하고 동료의 시신을 찾기 위해 다시 육지에 내렸다.

그들은 허게스트와 구치가 벌거벗겨져 마을 뒤쪽의 산으로 끌려갔고, 원주민들의 무리 사이에 아직 살아있음을 보았다. 그들은 그 무리 가까이로 가려고 했으나, 무리들이 공격하기에 유리한 주변의 언덕을 차지하고서는 승무원에게 돌을 던지며 공격해 와서 고통스러웠지만 불가피하게 물러나야만 했다. 그리고 밤이 빠르게 찾아와, 그들은 배로 돌아가는 것이 가장 좋겠다고 생각했다. 뉴 New는 급히 장교들을 모아 최선책을 의논했다. 밤에는 배로 육지에 다가갔다 멀어지기를 계속하고, 아침에는 잘 무장한 사람들을 태운 커터를 육지로 보내

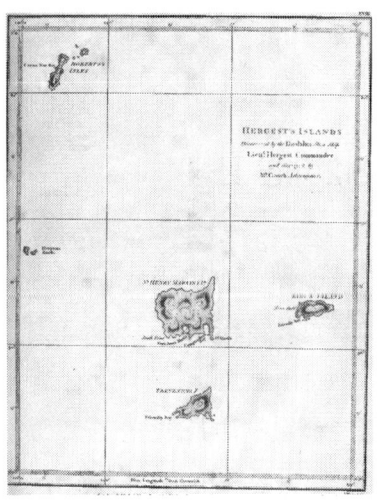

[그림 13] 허게스트제도
원제는 "Hergest Islands, Discovered By the Daedalus Store Ship, Lieutenant R Hergest, Commander"이다. 1792년 허게스트는 마르케사스제도의 이 섬에 이르렀으나 최초의 발견자는 아니었다.

가능하다면 그들의 불행한 지휘관과 그의 일행을 되찾아오는 것에 동의했다. 디덜러스호가 만에 들어온 이후로 배에 탑승해 있던 아토와이족의 늙은 족장도 통역관으로 (그의 임무를 잘 수행하기 위해) 함께 보트에 타고 갔다. 그가 먼저 육지에 내려 원주민들에게로 나아가서 실종된 허게스트 중위와 구치를 요구하

자, 둘 다 지난밤에 살해되었다고 알려주었다. 이 메시지를 전달받고서 시신을 요구하도록 그를 돌려보냈는데, 그들의 시신을 조각내어 일곱 명의 족장들에게 나누어졌다는 대답을 듣게 되었다.

1793. 3. 20.
밴쿠버 함장, 샌드위치제도 재방문을 결심

이 끔찍한 일의 결과에 대해 밴쿠버 함장은 살인범들을 찾아 처벌하겠다는 분명한 목적을 가지고 샌드위치제도로 두 번째 기항을 결심했다. 그래서 그는 워아후를 향해 항해했으나 살인범들이 와이티테만 근처에 머무른다는 사실을 알고 와이티테로 향했고, 그곳에 3월 20일 수요일 약 3시경에 수심 10패덤에 닻을 내렸다.

8.2 재판 과정

콜맨과 토후부아르테의 진술

현지에서 더블 카누를 타고 온 제임스 콜맨을 만났다. 이 사람은 켄드릭[3] 밑에서 일하던 것을 그만둔 다음, 티테에레Titeeree 밑에서 일하는 동안 이 섬에서 무역을 단속하거나 음식물을 구하러 호아후에 접근하는 선박들을 지원하는 일을 하고 있었다. 콜맨은 텐나비Tennavee라고 불리는 족장과 토후부아르테Tohoobooarte라 불리는 청년과 동행했다. 이 청년은 이 섬의 반대편에 있는 와이메아만에서 그가 디덜러스호를 방문했을 때 허게스트 중위와 나머지 승무원들로부터 많은 인간적인 대우를 받았고, 허게스트와 구치가 육지에 오를 때 통역관으로 보조하기 위해 보트에 동행했고, 해안에 도착했을 때 그는 허게스트에게 육지에 내리지 않기를 조언했다고 말했다. 그곳은 족장이 부재하고 매우 나쁜 사람들이 많이 사는 지역이라고 말했지만, 허게스트는 충고에 전혀 관심을 보이지 않고 육지로 올랐다. 허게스트는 물 수급을 하는 데 불상사가

---

3) 켄드릭 선장의 레이디워싱턴호의 마스터로 승선한 적이 있었다.

없도록 조치를 취하라고 지시를 내렸다. 그런 다음 토후부아르테의 충고와는 반대로 바다 쪽에서 우호적인 원주민들의 거주지로 구치와 함께 갔다.

 토후부아르테가 깨끗한 물로 자신을 씻기 위해 (이것은 바다에서 일정 시간을 보낸 후 육지에 오르는 경우 하는 널리 퍼진 풍습이다) 그들을 떠난 동안, 승무원들이 부재중에 원주민들과 디덜러스호의 승무원들 사이에 물 받는 곳에서 언쟁이 벌어졌고, 거기에서부터 소란이 뒤따랐고 포르투갈 선원이 살해되었다. 이 불행한 일이 일어나기까지 어떤 제재도 없었다. 보복을 두려워한 원주민들은 당시 그들이 억류하고 있던 두 사람을 처형할 필요가 있다고 생각했다. 이 끔찍한 결심이 실행으로 옮겨지면서 구치는 파후아[4]로 심장을 찔려 한순간에 살해당했다. 처음 일격은 보트 쪽으로 가려고 애를 쓰던 허게스트 중위를 큰 돌로 그의 머리 옆을 때려 쓰러뜨려 상처를 입혔고, 그런 다음 가장 야만적인 방식으로 살해했다. 구치를 찌른 남자와 허게스트에 상처를 입힌 자와 물 받던 곳에서 일을 주도했던 또 다른 자는 티테에레의 명령에 따라 체포되어 처형당했다고 토후부아르테는 말했다.

 이 청년은 함장에게 그가 사건 현장에 있었다는 것을 확인시키려고 그의 왼팔에 있는 상처의 흉터를 가리켰다. 그것은 그 당시에 허게스트를 구하기 위해 끼어들었다가 입은 상처의 흉터라고 말했다. 그리고 그를 때려눕히고 허게스트를 살해한 남자와 실질적으로 관련되는 다른 두세 명은 아직 살아있고 함장이 정박하고 있는 곳에서 멀지 않은 곳에 거주한다고 말했다.

 이 중 전자는 토호부아르테가 며칠 전에 콜맨에게 관련자라고 지목한 적이 있었다. 콜맨은 이 젊은이가 전에 이 끔찍한 이야기를 하는 것을 들은 적이 있는지 함장에게 질문을 받고는 그렇다는 대답을 했고, 정확하게 똑같은 말로 이 이야기를 했다고 덧붙였다.

 토모호모코는 바로 토호부아르테에게 범죄자들의 거주지에 대해 질문했고,

---

4) 파후아(pahooa)는 긴 쇠로 된 뾰족한 꼬챙이다.

그들을 체포하고 법의 심판을 받게 하려고 토후부아르테와 텐나비 둘 다 동행하기를 원했다. 토후부아르테는 처음에는 친구와 친척들의 원망을 두려워하며 거절했지만, 토모호모코의 보호를 확신하자 동의했고 일행은 모두 해안으로 돌아갔다.

**1793. 3. 21.
함장, 증인의 출석을 요구하다**   다음 날 오전(3월 21일)에 콜맨은 토모호모코와 텐나비와 함께 승선했다. 함장은 카누에 어떤 죄수의 모습도 보이지 않는 것을 알아차리고, 살인자들이 구금되어 있는지 콜맨에게 물었다. 콜맨은 전날 저녁에 상륙한 뒤에 족장들이 하는 일이 너무 비밀스럽게 행해져서, 확신할 수는 없지만 그렇게 믿는다고 대답하였다. 그는 밤새도록 그 일행을 보지 못했고 그들이 해변에서 막 출항하려 할 때 그가 카누의 선미에 뛰어들었을 때까지도 전혀 보지 못했다.

두 족장은 이제 함장이 그들과 함께 선실로 들어가기를 바랐다. 그곳에서 그들은 모든 문을 닫고 허게스트를 살해한 남자에 대해 알렸고, 마찬가지로 적극적으로 죄가 있는 두 사람이 카누 앞쪽에 타고 있다는 것을 알렸다. 어떤 일도 일어나지 않도록, 그리고 다시 도망칠 수 없도록 그들을 감금하는 데 시간을 낭비해서는 안 된다고 말했다. 이에 따라서 허가 명령이 곧 내려졌으므로, 그들은 즉시 선실 안으로 잡혀 왔다.

족장들은 바로 주요 범죄자들을 지목했는데, 그들의 외모는 토후부아르테의 진술과 일치했다. 그의 이마에서 발까지 몸의 반쪽은 시커멓게 칠해져 있었다. 다른 두 범죄자는 같은 방식으로 표시가 있었지만, 똑같지는 않았다. 그러나 티테에레의 몇몇 부족민들은 전쟁 동안에 똑같은 야만적인 방식에 따라 손상을 입어서 이러한 모습만으로는 그들의 정체를 식별하기에 충분치 않았다. 토후부아르테는 고발된 사람들에 대한 증인으로 출석하지 않았다. 그의 부재를 함장은 매우 유감스럽게 여겼다. 그러나 콜맨의 증거로 족장들이 주장했던 것을 확인시켜 줄 가능성이 컸기에 토후부아르테를 불러들였다. 그는 이들을 신중하게

관찰하더니 족장들이 허게스트의 살인자로 고발했던 같은 남자를 지목했지만, 나머지 두 사람에 대해서는 아무것도 알지 못한다고 부인했다.

콜맨의 확증적인 증거에도 불구하고, 함장은 여전히 그들의 형벌을 승인하기 전에 더 많은 증거를 원했다. 그리고 디덜러스호 장교 후보생 중 한 명인 돕슨Dobson이 이 원주민 중 한 명에 대해 이야기했었다는 말을 들었다. 그 원주민은 무례함과 부적절한 행동으로 주목을 받았는데 허게스트와 배에서 내리자마자 보트로 부랴부랴 해안으로 노를 저었고 상륙해서는 싸움에 매우 적극적이었다. 그 후에 일어난 참극의 유일한 범인은 아니더라도, 승무원들 가운데 만장일치로 주동자로 의심받았다. 돕슨은 즉시 불려 왔고 범죄자들에 대해 기억나는 것이 있는지 질문을 받았다. 그는 조금도 주저하지 않고, 콜맨이 지목한 바로 그 사람을 가리켰으며 그의 정체에 대해 맹세할 준비가 되어 있었다.

추가 증언의 확보

토후부아르테의 증거가 여전히 추가적인 확증일 수 있어서, 함장은 텐나비에게 해안으로 가서 그를 태워 데려오기를 원했고, 그러면 그 범죄자들은 공정한 재판을 받을 수 있을 것으로 생각했다. 그동안 범죄자들은 감금 명령을 받았다.

이러한 처벌의 지연은 즉시 사형에 처해지길 바라는 토모호모코를 불쾌하게 했다. 증거가 한 사람의 유죄에 대해서는 거의 의심을 남기지 않을 만큼 확정적이었지만, 함장은 그들 모두의 유죄 여부를 판단할 수 있는 더 많은 증언이 나올 때까지 기다리기로 했다.

살인 사건에 연루된 네 번째 남자에 대하여 함장의 질문을 받던 토모호모코는 매우 확실하게 관련된 네 번째 인물이 있다는 것을 인정했지만, 그에 대해 알고 있는 것은 몇 달 전에 주변에서 목격되었다는 것뿐이며, 최근에 모습을 드러내지 않았기 때문에 그가 그때 그 섬에 있었는지, 아니면 다른 섬으로 갔는지 전혀 확실하지 않다고 말했다. 이 남자가 잡힐 가능성은

네 번째 혐의자

거의 없어 보였고, 특히 다른 세 사람이 감금되어 있다는 소식이 널리 퍼진 상황이어서, 함장은 더 이상의 수색을 고집하지 않았다. 실제로 어떤 목적을 달성하려는 무력 조치를 취하기를 꺼렸거나, 그 후에 시간의 부족으로 인해 그가 사건을 미결 상태로 둘 수밖에 없었다.

<small>족장의 증언을 청하다</small>　텐나비는 토후부아르테 없이 오후에 돌아왔는데, 함장은 매우 놀랐고, 어떤 나쁜 일이 생겨 오지 못한 것은 아닌가 걱정했다. 그러나 범죄자들의 친척과 친구들이 두려워서 출석하지 않은 것이라고 족장이 확실히 말해 주었다. 함장은 이제 그의 증언을 단념하였으므로 그 섬의 족장인 트리투부리Trytooboory에게 범죄자의 유죄 여부에 대한 그의 의견을 알아보기로 했다. 이 족장이 몸이 좋지 않아 승선할 수 없게 되자, 함장은 (그와 함께 12개월 동안 승선했고 벌어질 수 있는 어떤 사건에도 전혀 이해관계가 없는) 테레후아Terrehooa가 콜맨과 함께 가서 트리투부리에게 의견을 물어보기를 원했다.

그들은 이 명령을 이행하고 저녁에 돌아왔다. 테레후아가 밝히기를, 족장은 범죄자 세 사람 모두에게 고발당한 살인혐의에 대해 확실하게 살인죄를 선고하고, 그들이 저지른 죄에 대해 즉시 사형에 처할 것을 요구하였다.

<small>유죄 판결</small>　이 선언은 콜맨이 함장 앞에서 가장 엄숙하게 선서했고, 처음부터 이 사건의 조사에 참석했고 그것을 중요하게 생각했던 모든 승무원은 함장과 함께 앞으로 그러한 야만적인 행동을 중단하거나 최소한 저지하기 위해 재판으로 본보기의 처벌이 필요하다는 의견을 만장일치로 표명했다.

조사가 진행되는 동안에 조사를 받은 모든 원주민의 증언에 의하면, 그 불행한 두 신사나 보트에 타고 있던 승무원들은 그 잔학행위에 대해 최소한의 도발도 하지 않았다는 것이 명백하게 증명되었다. 다른 증인들은 구할 수 없었다. 그리고 구금된 사람들은 자신들의 이웃들로부터 체포, 고발되어 유죄판결을 받았고 그들의 족장에 의해 사형선고를 받았기 때문에, 함장과 장교들은 가장 진

지한 토의와 숙고 후에 형 집행을 승인하는 것이 충분하다고 여겼다. 족장들의 뜻에 반하여 집행은 하루가 거의 지나갔으므로 그다음 날 아침까지 연기되었다.

8.3 범죄자의 처형

가능한 한 엄숙하면서도 장엄하게 의식을 치르기 위해, 해군과 수병들이 해안 맞은편 배 쪽에 정렬해 있었다. 처형을 위한 카누가 배와 나란히 배치되어 있었다. 나머지 해군대원들은 소동이 일어나지 않도록 대포를 대비하고 있었다. 처형 전에 치러야 하는 어떤 의식이 밴쿠버 함장을 무척 놀라게 하였다. 이 불운한 사람 중 한 명은 긴 머리카락을 가지고 있었는데, 그런 경우에 관례로 그 섬의 왕에게 바치는 공물로서, 처형 전에 머리카락을 잘라야 했다. 아주 거칠게 두 족장은 머리카락을 잘랐을 뿐만 아니라 그 불행한 사람 앞에서, 그의 처지에 대한 최소한의 동정심도 없이 이 머리카락을 왕에게 바치는 영예를 차지하려고 다투기 시작했다. 이 수치스러운 경합이 곧 진정되자마자 범죄자들은 한 명씩 손발이 묶인 채 더블 카누에 태워져서, 자기네 족장 텐나비가 쏜 권총에 머리를 맞고 죽임을 당했다. 너무나 능란하게 이 우울한 일이 행해져 권총의 총성과 함께 생명이 사라졌고 근육의 움직임은 거의 순간적으로 멈추는 것처럼 보였다. 이 임무를

1793. 3. 22.
충격적인 형의 집행

[그림 14] 세 야만인의 처형
허게스트 중위를 살해한 세 야만인의 처형은 너무 능란하게 행해져서 권총의 총성과 함께 그 생명이 사라졌다.

수행하면서 텐나비는 조금도 동요하지 않는 것처럼 보였다.

밴쿠버 함장은 여전히 족장과 부족들의 선의를 간직하였다. 그러나 범죄자들의 처형은 사람들의 마음에 너무도 생생해서 함장과 일행이 육지에 올라가서 그들의 손아귀 안에 놓여 원주민들에게 복수의 유혹을 일으키는 것은 분별 있는 행동으로 여기지는 않았다.

**1793. 3. 22.
오와이히에서 영국인을 만나다**

이 기간 동안 함장이 소사이어티제도와 샌드위치제도를 방문했을 때, 오와이히에서 섬의 왕인 타마마하와 가장 우호적인 관계로 거주하고 있는 두 명의 영국인인 영Young과 데이비스Davis를 만났으며, 그들의 영향력으로 우리의 항해자들은 최고의 환대를 받았고 그들이 원하는 모든 것을 공급받았다. 데이비스는 젊은 메트카프Metcalf 소유의 스쿠너 항해사였다.[5] 그는 함장에게 동료들의 살해, 자신의 탈출, 침착하지 못한 난폭한

[그림 15] 오와이히섬 워로레이산 정상의 분화구

---

5) 5.3 아토와이섬의 영국인들에서 각주 8)번 참조.

128 밴쿠버와 브로튼의 북태평양 항해기 1791-1795

족장인 티안나의 배반 행위에 대해 충분하고도 정확한 보고를 하였다. 티안나는 그들의 배를 탈취한 후 유럽과 미국의 무역상들을 파멸시키기 위한 음모를 끊임없이 꾸몄으나 왕에 의해 기각되고 한결같이 반대에 부딪혔는데 밴쿠버 함장은 왕의 성품을 높이 칭찬하였다.

세 번째 샌드위치제도 방문

9.1 브로튼 중위의 중도 귀환과 1793년 탐사의 종료

1793. 3. 30.
브로튼 중위의 중도 귀환

브로튼 중위가 파견대와 함께 영국으로 출발했기 때문에, 채텀호의 지휘권은 퓨젯 중위에게 위임되었다. 3월 30일, 그들은 잠시 동안 샌드위치제도에 작별을 고하고 북쪽으로 항해했다. 이전 항해와 마찬가지로 채텀호는 디스커버리호와는 다른 항로를 취하기 위해 헤어졌고, 집결은 누트카에서 하기로 되어있었는데 채텀호가 먼저 도착하였다. 퓨젯 중위는 채텀호의 용골이 입은 손상을 수리한 후 그들에게 편지, 일기, 그리고 함장을 위한 다른 서류들을 정확히 전달받은 스페인 장교와 함께 떠나 홀로 미국의 북서 해안으로 항해했다.

1793. 5. 25.

퓨젯 중위가 떠나있는 동안 특별히 주의를 기울일 만한 일은 거의 없었지만, 누트카에서 밴쿠버 함장은 처음부터 5월까지의 활동에 대한 간략한 개요를 담은 공문서를 해군본부에 전달할 수 있는 또 다른 기회를 얻었다. 디스커버리호는 이달 말 즈음에 피츠휴만에서 채텀호와 합류했는데, 디스커버리호의 수리를 위해 레졸루션만Resolution Cove이라 불리는 장소에 정박할 필요가 있다는 것을 다시 알게 되었고, 그곳에 머무는 동안 저명한 에드먼드 버크[1]를 기리기 위해 버크수도Burke's Canal라는 이름을 붙이는 것이 적절하다고 생각한 수도를 두 차례 보트로 탐사하였다. 그들은 현재 북위 51° 56½′, 경도 232° 9′에 있었다. 많은 주민들의 우호적 방문을 받았는데, 그들은 남쪽에서 본 사람들과는 다른 인종인 것처럼 보였고, 다른 언어를 사용했으며, 누트카어에 전혀 익숙하지 않았다. 그들은 판매를 위해 가죽을 가져왔다. 그중에는 북서 아메리카 원주민들이 털실을 얻고 그것으로 의복을 만들어 입는 동물의 가

---

1) 에드먼드 버크(Edmund Burke, 1729~1797)는 아일랜드 출신의 영국 정치가이자 저술가이다. 1775년 3월 22일 버크는 미국 혁명 전야에 의회에서 '자유(freedom)에 대한 사랑'과 '자유(liberty)의 강력한 정신'이 미국의 식민지 거주자들의 강력한 동기부여였다고 주장하였다.

죽이 있었다.

가장 중요한 지위에 있는 듯이 보이는 여성들은 그들의 얼굴을 장식하는 매우 특이한 방식을 채택했다. 수평 절개는 아랫입술의 윗부분에서 10분의 3인치 정도 아래에 이루어지며, 입의 한쪽 끝에서 다른 쪽 끝으로 완전히 살을 통과해 확장돼있다. 이 구멍은 나무로 만든 장식이 들어갈 수 있을 만큼 점점 충분히 늘어나게 되는데, 아래턱의 잇몸에 밀착되어 있고, 그 바깥쪽 겉은 수평으로 튀어나와있다. 이 나무 장신구들은 타원형으로 크기가 다양하며, 어떤 것은 크기가 약 2인치 반이고, 또 다른 장신구들은 3과 $\frac{4}{10}$인치 길이, 1인치 반 폭이다. 가장 작은 장신구는 길이에 비례하여 폭이 줄어든다. 두께는 $\frac{4}{10}$인치 정도며, 갈라진 입술을 받기 위해 바깥쪽 가장자리 가운데를 따라 홈이 있다. 이 흉측한 장식품은 전나무로 만들어졌고, 깔끔하게 다듬어졌지만, 몹시 부자연스러운 모습을 보이고 있고, 보지 못했으면 믿지 못할 인간의 부조리한 모습의 한 예다.

1793. 6. 17. 여성들의 장신구

6월 17일 저녁, 채텀호의 소형 커터와 디스커버리호의 소형 커터가 탐사에서 돌아왔는데, 매우 피곤하고 고달팠던 것 외에 불행히도 홍합을 먹고 식중독에 걸린 승무원 한 명을 잃어 몹시 괴로웠다. 일행 중 두세 명은 가까스로 같은 운명을 모면했다.

이 치명적인 장소는 독의 만 Poison Cove이라고 이름 붙였고, 이 지점으로 만나는 지류는 위도 52° 48′, 경도 231° 42′의 홍합수도 Mussel Canal이다.

1793. 6. 17. 식중독에 걸린 승무원들

대륙 해안을 따라 연안 탐사는 배로 하였고, 다양한 만과 해협, 수도를 찾아내는 일은 여러 장교들의 지휘 아래 매우 정확하고 끈기 있게 보트로 하였다. 7월과 8월에 원주민들과 한 모험은 본질적으로 전혀 즐거운 모험은 아니었다. 9월 초에 그들은 하사관 중 한 명의 이름을 따라

1793. 10. 5. 1793년 탐사의 종료

포트 스튜어트Port Stewart라고 이름 지은 항구에서 그해의 발견을 끝냈는데, 항은 55° 38′의 위도에 위치해 있었다. 그러나 그들은 위도 56° 44′, 경도 227° 11′에서 현재의 브리드포트 경[2]에게 경의를 표하기 위해 포인트 후드라고 부르는 지점까지 조사를 확장한 것으로 보인다. 그 후 남쪽으로 나아가서 10월 5일, 누트카에 세 번째로 도착하였으나, 더 이상 머물지 않고, 디덜러스호의 마스터나 디스커버리호와 채텀호를 위한 비품을 싣고 도착할 다른 배를 안내하기 위해 사령관에게 편지를 남겨두었다.

9.2 오와이히섬의 양도

배 수리를 위해 세 번째 샌드위치제도 방문 결심

채텀호는 여전히 남쪽으로 이동하면서 보데가항Port Bodega 캘리포니아 북부에 위치한 항구으로 향했고, 거기에서 다시 프란체스코항[3]에 가서 디스커버리호를 만났는데 퓨젯 중위는 그의 진행 상황을 설명했다. 여기서 그들은 디덜러스호를 만났다. 그러나 밴쿠버 함장은 새로 부임한 스페인 총독 쪽에서 너무나 냉정하게 대해서 나무와 물을 공급받자마자 그곳을 떠나는 것이 적절하다고 생각했다. 몬테레이에서 그들은 비슷한 상황의 변화를 발견했고 총독은 전임자인 콰드라 사령관의 편지를 밴쿠버 함장에게 보냈는데, 그 편지에는 콰드라 사령관이 함장에게 보여줬던 정중함은 그 당시뿐이며 앞으로 그러할 필요가 있다고 생각하지 않는다는 것과 그의 상관 역시 영국 선박들이 그의 관할 항구에서 배 수리를 다시 하게 될 것을 기대하지 않는다는 것을 이해시켰다. 이런 사정으로 샌드위치제도를 세 번째 방문하기로 결심했다.

---

[2] 후드 경(Sir Alexander Hood, 1726~1814)은 1794년에 브리드포트 남작(Baron Bridport)의 작위를 받은 인물로 해군 사령관이었다.

[3] 현재의 캘리포니아 샌프란시스코이다.

그 유명한 쿡 함장이 원주민들의 야만적인 분노에 희생된 카라카쿠만Karakakoo Bay이 밴쿠버의 세 번째 방문에서 피난처가 된 것은 놀라운 일이다. 그곳에서 받은 후한 환대와 친절한 접대는 지구상에서 가장 진보한 국가라도 이를 능가할 수 없었을 것이다. 함장과 디스커버리호, 채텀호, 디덜러스호 소속의 다른 영국 장교들의 유희를 위해 원주민의 극적이고 음악적인 여흥이 행해졌고, 이 친절한 인디언[4]들의 도움으로 승무원들은 만에서 몇 가지 업무를 수행했는데, 선박을 재정비하고 비품과 식량의 조달에 종사하였다. 또한 공식적이고 완전한 이양으로 섬 전체를 폐하와 그의 계승자와 후계자들에게 바치는 의식도 열렸다. 이 일이 끝나자, 배에서 축포가 발사되었고, 그 뒤에 동판에 다음과 같은 글귀가 왕궁의 아주 눈에 띄는 곳에 새겨졌다.

1794. 2. 25.
오와이히섬, 영국에 양도

"1794년 2월 25일, 오와이히섬의 왕 타마마하가 섬의 주요 족장들과 협의하여, 카라카쿠만에서 국왕 폐하의 범선 디스커버리호에 탑승하고, 조지 밴쿠버와 국왕 폐하의 범선의 무장 보조선 채텀호의 지휘관과 디스커버리호의 다른 장교들이 모여 충분히 숙려한 끝에 만장일치로 언급한 오와이히섬을 영국 국왕 폐하에게 양도하고, 그들 스스로 영국의 신하임을 인정했다."[5]

---

4) 샌드위치제도는 현재의 하와이제도이므로 인디언이라는 표현은 어울리지 않지만, 이 책에서는 '인디언'을 '원주민'과 같은 의미로 사용하고 있다.
5) 하와이를 통일하기 위한 전쟁을 벌이고 있던 타마마하는 영국의 힘을 빌리기 위해 하와이를 양도한다는 약속을 한 것으로 보인다. 밴쿠버 함장은 영국 국기를 왕에게 바쳤고, 1794년 위의 사건으로 하와이가 잠시 영국령이 되었던 기간을 포함하여 1816년까지 하와이의 국기로 영국기가 비공식적으로 사용되었으며, 타마마하의 아들인 카메하메하 2세는 영국을 방문하기도 했다.

북서항로 발견을 위한
알래스카 탐사와 영국 귀환

10.1 북서항로 발견을 위한 쿡만 탐사

1794. 3. 15.
북서항로를 찾기 위한 알래스카 탐사 착수

북태평양과 북대서양 사이의 항해가 가능한 '연결항로'와 관련된 논란의 지점[1]을 결정하기 위해, 우리 항해자들은 1794년 3월 15일 샌드위치제도를 떠나 마지막 조사를 시작했다.

1794. 3. 30.
북쪽으로의 항해

항해 며칠 만에 함장은 안개 낀 날씨로 인해 채텀호를 시야에서 놓쳤는데, 자신과 헤어진 것으로 추측되어, 언제 어디서 다시 만나야 할지 알 수 없을 것 같았다. 특히 디스커버리호는 서쪽에서 큰 바람을 만나 배를 북쪽으로 빠르게 움직였고, 30일에 그들은 위도 50° 10′, 경도 205° 9′에 도달했다. 계속되는 우울한 날씨는 그들에게 새로운 고통을 주었다. 수은주는 빙점에 머물러 있었고, 항해하는 동안 처음으로 갑판 위의 현창 통이 얼어 있었다. 그들이 쿡강에 도착하기 전까지는 아무런 주목할 만한 일도 일어나지 않았는데, 그때 밴쿠버 함장은 즉시 그 운이 없는 항해자[2]가 조사한 범위 중에서 가장 먼 곳까지 진행하기로 하고,[3] 그 후로부터는 상황이 전개되는 대로 그의 조사를 집행하기로 결심하였다. 따라서 항해자들은 강뿐만 아니라 근처의 해안과 섬에 대해 이전의 어느 것보다 정확한 측량을 하였다. 그리고 이 강은 그들이 측량한 곳에서 몇 마일 떨어지지 않은 넓은 만이나 항구에서 끝난다고

---

1) 영국을 출항하여 북미 대륙의 북극해를 경유해서 알래스카 서쪽을 지나 북태평양으로 항해가 가능한지를 탐사하는 것이다. 상세한 내용은 김낙현·홍옥숙, 「브로튼 함장의 북태평양 탐사 항해(1795~1798)와 그 의의」를 참고.

2) 3차 세계 일주 항해(1776.7.12.~1780.10.4.)에서 하와이의 원주민에게 살해당한 쿡 함장을 가리킨다. 쿡 함장의 탐사 항해의 목적에는 태평양과 대서양의 연결지점인 '북서항로'(the Northwest Passage)를 찾는 것도 포함되어 있었다.

3) 쿡이 탐사 항해한 가장 북쪽의 해역은 1778년 8월 18일, 북위 70° 44′에 있는 웨인라이트(Wainwright, 오늘날의 알래스카주 노스 슬로프버러에 있는 도시) 근처였고 얼음에 가로막혀 하와이로 돌아왔다.

믿을 충분한 이유가 있었다.

    나무와 물을 조달하는 일은 상당한 규모의 떠다니는 얼음으로 | 유럽인의 예절을 알고
인해 빈번히 중단되었고, 얼음은 조수의 빠른 속도에 의해 보트를 | 있는 원주민
위협하여, 보트가 찌그러지는 것을 막기 위해서는 최상의 주의가 필요했다. 배에 오르거나, 카누를 타고 배를 방문하여 동행한 원주민들은 친절하고 호의적인 것으로 보였으며, 유럽의 예절을 잘 알고 있고, 해안에서 그리고 강을 조사하는 동안 갖가지 서비스를 제공할 준비가 되어있는 것처럼 보였다. 오랫동안 이 유명한 강이 사실 넓은 바다의 지류라는 것을 분명히 알게 된 함장은 쿡만 Cook's Inlet[4])이라는 이름을 지어주었다.

[그림 16] 쿡만 근처의 포트 딕

    위드비 마스터는 두 척의 보트를 가지고 이 주둔지를 떠나기 전에 | 러시아인들을
파견되어 쿡만의 한 지점인 턴어게인강Turnagain River을 조사하게 되었 | 만나다

---

4) 알래스카만의 일부로, 수시트나(Susitna), 마타누스카(Matanuska), 케나이(Kenai)강이 흘러든다. 1778년에 쿡 함장이 북서항로를 찾기 위해 이곳을 찾았다.

고, 그동안에 디스커버리호는 좌우로 하나의 연결된 빙원(氷原)을 형성해 온 얼음의 표류로 인해 최대의 위험에 처하게 되었다. 이 상황에서 열 명의 러시아인과 약 스무 명의 원주민이 함장을 방문했는데, 그들은 배의 안전에 대한 우려를 표시했고, 선박에 물이 많이 차진 않았는지 자주 물었다.

위드비는 러시아인들로부터 그 어귀와 지류에 관한 정보뿐만 아니라 주변 해안에 관한 정보도 받았으며, 이 정보는 자신의 관측과 조사를 확인시켜 주었고, 위험했던 정박지가 강물이 아니라 바다의 지류였다는 것을 충분히 증명해 주었으며, 그 지류는 관측소를 넘어 약 15베르스타[5]에서 마침내 끝난다고 알려주었다. 또한 러시아인들이 이 해안가에 몇 개의 시설을 가지고 있으며, 주요 시설물이 프린스 윌리엄 사운드[6]에 있는 에치즈Etches라는 항구에 있다고 알려주었다. 그들은 케이섬Kaye's Island의 경도선에 이르는 아메리카 대륙과 인접 섬들은 러시아 제국에 속한 것이라는 생각을 그에게 심어주기 위해 애를 썼다.

포인트 퍼제션 탐사를 포기하다

위드비가 일주일간의 조사 후에 올린 보고서는 러시아 정착촌의 상황을 확인시켜 주었으며, 또한 그 당사자들과 원주민들 사이의 모든 의사소통에 대한 러시아인들의 극심한 질투심을 기술했다. 그들은 원주민들을 노예로 간주하고 대우하는 것처럼 보였다. 위드비는 위도 61° 3′, 경도 210° 18′에 위치한 포인트 퍼제션Point Possession[7)]에 대한 조사를 계속했다. 이 포인트에서 약 7마일 떨어진 곳에서 밀물이 시작될 때 조사를 멈춰야 했다. 그들의 시야에 들어오는 것으로 볼 때, 그 전체가 엄청난 수의 원뿔형 바위들로 막혀있었고, 해안에서 위로 1리그 정도 뻗어있는 모래와 작은 돌로 이루어진 둑 위에 그

---

5) 러시아베르스타(Russian versts)는 러시아의 옛 길이 단위로, 1베르스타는 약 1,067m이다.
6) 프린스 윌리엄 사운드(Prince William's Sound)는 북위 60° 지역으로 알래스카 남부에 위치한 해협이다. 1778년 쿡 함장이 발견했을 때는 샌드위치해협이었으나, 조지 3세의 셋째 아들이자 해군에서 복무하던 윌리엄 왕자의 이름을 따서 재명명되었다.
7) 쿡만과 턴어게인만 사이의 케나이반도에 위치하고 있으며, 앵커리지의 남서방향에 있다.

바위들이 서로 떨어져 있었다. 그래서 이 위험한 뾰족한 바위들을 피해 보트를 항해하기 위해 최대한의 주의를 기울여야 했다. 왜냐하면, 그 보트 중 어느 하나도 빠른 조류에 좌초된다면, 즉각적으로 부서질 것 외엔 다른 어떤 것도 기대할 수 없었을 것이기 때문이다. 이 대단히 울퉁불퉁한 지역은 레졸루션호가 1778년에 좌초한[8] 남쪽 모래톱과 연결된 것으로 보이며, 따라서 쿡 함장이나 이 일행이 남쪽 모래톱을 통과하려고 시도하지 않은 것은 행운의 상황으로 간주되어야 한다.

얼음이 얼어서 수행하지 못했던 나무와 물의 조달 작업을 마치는 동안 밴쿠버 함장은 주요 참모들을 대동하고 작은 범선과 커터를 거느리고 출발하여 서쪽 해안을 따라 탐사를 지휘했고, 그곳에서 조금 떨어진 곳에서 그들이 예전에 수심을 측정했던 장소에서 멀지 않은 곳에서 썰물로 말라붙은 모래톱이 두 해안을 연결하고 있다는 것을 판단하는 데 그리 오래 걸리지 않았다. 그러나 그들은 보트가 항해할 수 있는 수도를 찾을 때까지 나아갔고, 북동쪽으로 나아갈 때, 서쪽 해안이 점차 동쪽 해안을 향해 기울어졌다는 것을 발견했다. 그리고 만약 쿡 함장이 이 어귀의 추가 조사에 하루를 더 바쳤다면 "책상머리에 앉아 이론을 따지기 좋아하는 항해자들이 바다의 만을 해협이라고 교묘히 설명하며, 그들의 학설에 따르면 존재하는 북서항로가 이 해협을 통해 결국 발견될 수 있을 것이라는 생각을 포기하게 해주었을 것이다"라고 확신했다.

북쪽 끝에 있는 쿡만의 말단은 현재 위도 61° 29′, 경도 211° 17′에 있는 것으로 밝혀졌다. 일행은 1794년 5월 7일 배로 돌아왔고, 채텀호가 정박되어있는 것을 발견했다. 퓨젯 중위가 채텀호에 승선한 후 그들이 헤어진 이후 발생한 주요 사건들에 대한 설명을 해주었는데, 이는 매우 심한

**1794. 5. 7.
북서항로는 없었다**

---

8) 레졸루션(Resolution)호는 쿡 함장이 2차, 3차 세계 일주 항해에서 지휘했던 배의 이름이다. 3차 항해에서 1778년 8월 레졸루션호는 북서항로를 찾아 알래스카 해역을 항해했다.

불규칙한 파도로 배가 돛의 압력에 극도로 시달리는 것부터, 선창에 4피트의 물이 찬 것, 그리고 디스커버리호를 따라잡기 위해 노력한 것 등이었다. 퓨젯 중위는 헤어지는 경우에 대비한 함장의 지시에 따라 더글러스곶Cape Douglas[9]의 서쪽 어귀부터 약속된 집결지인 현재의 관측지점까지를 계속 조사해왔는데, 그곳은 부차적인 지류나 항해할 수 있는 통로가 없는 작은 해안이라는 것을 알아냈다. 그리고 그의 문서는 밴쿠버 함장이 이 만의 어느 부분을 통해서도 북서항로가 없다고 결론지은 것을 확인해 주었다.

1794. 5. 15.
두 배의 합류와 알래스카 탐사의 종료

15일에 그들은 이 만을 떠나, 진로를 프린스 윌리엄 사운드로 향했는데, 그 지명은 한 지류와 연결돼 있다고 들었고 턴어게인강이라 이름을 지었다. 따라서, 프린스 윌리엄 사운드를 보트로 조사했고, 그곳에서 다른 러시아 정착지를 발견했는데, 러시아인들과 원주민 둘 다로부터 우호적인 환영을 받았다. 채텀호는 케이프 힌친브룩Cape Hinchinbrook에서 동쪽 해안에 대한 조사를 계속하기 위해 파견되었고, 프린스 윌리엄 사운드를 벗어난 디스커버리호는 외부 해안에 대한 조사를 진행했고, 크로스 사운드Cross Sound에 도착하여 채텀호와 다시 합류했다. 크로스 사운드는 바다의 매우 넓은 내해이다. 섬, 해각(海角),[10] 만(灣)의 조사는 보트를 탄 위드비와 일행에게 맡겨졌는데, 그들은 수많은 인디언 부족에게 약탈을 당하고 보트를 빼앗기는 것을 간신히 면했다. 우의를 가장한 원주민들은 카누로 보트를 둘러쌌으며 총기로 무장하고 위드비를 적대적인 태도로 겨누었다. 하지만 보트들이 잘 준비되어 있고 방어적으로 행동할 준비가 되어 있는 것을 보고는, 원주민들은 수가 적어도 200명은 되었음에도 불구하고 후퇴했다.

북쪽의 탐사가 이제 완료되었고, 국왕 조지 3세군도King George the Third's

---

9) 북위 58°51′에 위치한 곳으로 알래스카의 남동쪽 해안이다.
10) 육지가 바다 가운데로 뿔처럼 뻗어 나간 부분을 의미한다.

Archipelago라고 이름 지었던 섬들의 바깥 해안을 따라 남쪽으로 돌아가던 두 선박은 항구에 도착했고, 함장이 이 항구에 포트 컨클루전Port Conclusion이라는 이름을 붙였다. 여기서, 3년간의 끈질긴 노력은 북서부 아메리카의 전체 해안에 대한 조사의 완료로 종결되었다. 위드비가 이 항구에서 보트로 조사를 하는 마지막 임무는 충분히 승무원들을 갖춘 4척의 보트로 구성되었다. 이들 일행은 몇몇 섬을 방문하고, 스티븐스수도Stephens Passage, 더글라스섬Douglass Island 등과 같이 밴쿠버 함장이 각기 다른 이름을 부여한 수많은 해각과 곶을 통과했다. 또한 몇몇 원주민 마을에 상륙했지만, 그들이 만난 소수의 원주민들과 거의 소통하지 못했다.

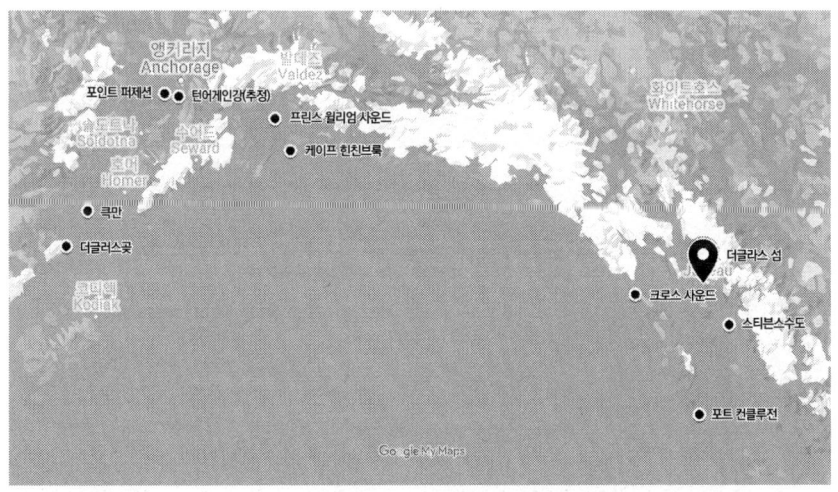

[지도 13] 알래스카 일대

8월 22일, 그들은 이 항구에서 바다로 나갔고, 해안을 따라 남하하여 누트카로 돌아갔는데, 누트카에서 그들은 영국이나 스페인 정부로부터 그 지역에 대한 마지막 결정에 관해 새로운 통지를 듣지 못했다. 그들은 콰드라 사령관의 죽음으로 지휘권을 승계한 총독의 희망에 따라, 10월 13일로 못박은 그의 최종 지시가 내려질 때까지 그곳에 남아 있었다. 그동안

**1794. 8. 22.~10. 13.
누트카로 귀환하다**

디스커버리호와 채텀호 모두 중요한 수리를 받았으며, 두 배의 장교들은 매우 정중하게 예의를 갖춰 인근 지역의 인디언 족장들로부터 큰 환대를 받았다.

10.2 영국 귀환

1795. 2~7.
남미에서 세인트헬레나로

1795년 2월, 이들 섬과 북태평양을 떠나, 발파라이소에 도착하여 칠레 해안의 주요한 스페인 도시를 방문하였는데, 도시는 상당한 규모에 정확한 규칙성을 갖고 건설되었다. 그들은 마찬가지로 칠레의 수도인 산티아고를 방문했고, 1795년 7월 두 배 모두 세인트헬레나St. Helena[11])에 안전하게 도착했다.

[그림 17] 칠레 해안의 발파라이소

1795. 7~9.
영국으로의 항해

채텀호 승무원들은 물론 장교들도 발파라이소에서 오는 동안 건강 때문에 많은 고통을 받았다. 회복기 환자들은 해안으로 보내졌고, 곧

---

11) 남대서양에 위치한 영국의 속령으로 인디아와 유럽을 잇는 항로의 중간 기착지 역할을 했다. 나폴레옹 보나파르트의 유배지로 유명하다.

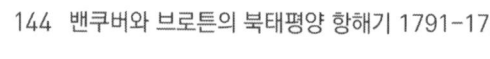

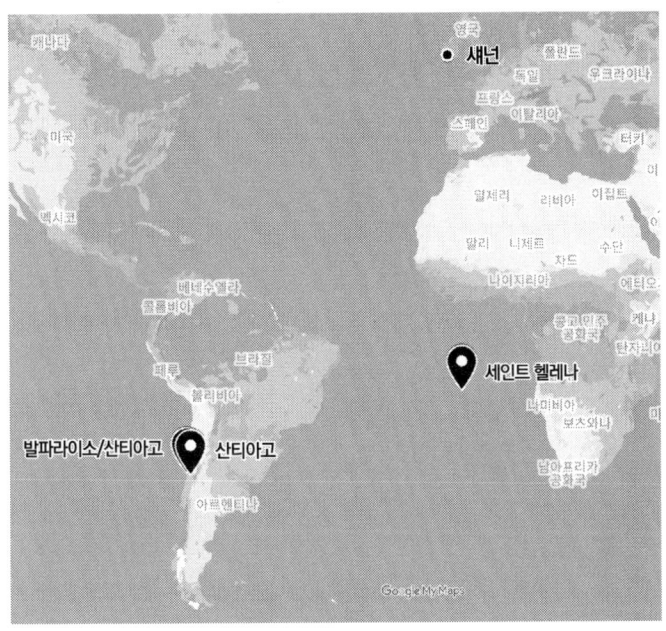

[지도 14] 영국으로 귀항

호위함이 산살바도르St. Salvador[12])에서 출발할 것으로 예상되었기에 채텀호를 호위함과 함께 영국까지 가게 하고, 밴쿠버 함장은 본국으로 항해중인 영국 군함이 세인트헬레나에 도착할 때까지 그곳에 남기로 결정했다. 이 결정에 동의하여 채텀호는 마침내 디스커버리호와 헤어졌고, 디스커버리호는 7월 16일 영국으로 출항하였다. 그리고 디스커버리호는 세인트헬레나에 도착하던 날 아침에 만Bay of St. Helena을 떠났던 전함 셉터호의 호위하에 본국으로 향하는 동인도 함대를 따라잡기 위해 모든 노력을 기울였다. 8월 21일 원하던 편입이 이뤄졌고, 사령관인 에핑턴Effington 함장의 안전한 지휘하에 모두 9월 12일 아일랜드 서부 해안에 도착했으며, 다음날 섀넌Shannon항에 나머지 함대와 함께 디스커버리호

---

12) 산살바도르는 현재 브라질의 살바도르(Salvador 또는 São Salvador da Bahia de Todos os Santos)이다.

가 안전하게 정박한 것을 확인한 후, 밴쿠버 함장은 그가 수행했던 임무의 예증에 필수적인 서류와 문서들을 가지고 런던으로 즉시 가라는 셉터호 사령관의 명령을 받았다. 며칠 뒤에 그는 해군본부에 도착하여 그곳에 서류를 보관시켰다.

해설

밴쿠버와 브로튼의 북태평양 탐사의 의미

홍옥숙

근대 초기 유럽인들의 신대륙 발견을 위한 대양항해는 전지구의 역사를 바꾸어놓은 큰 사건이었다. 남아메리카에서 채굴한 은을 기반으로 강국이 된 스페인에서 알 수 있듯이 신대륙에서 식민지와 교역지를 확보함으로써 유럽 국가들의 성장은 가속화되었다. 이후 과학의 발달과 함께 기상조건의 이해와 항해기술의 진보가 이루어지면서 몇 년에 걸쳐 세계를 일주하는 장거리 항해가 더욱 빈번해졌고, '발견'의 항해로 지구상의 대부분의 지역이 서구인들에게 알려진 상황에서 식민지 개척의 후발주자였던 영국과 프랑스는 경쟁적으로 세계 일주 항해를 국가적 차원에서 기획하여 아직까지 유럽인의 발길이 미치지 않은 지역을 탐사하고 지도화하는 작업을 추진하였다. 조지 밴쿠버George Vancouver 일행은 1791년부터 1795년까지 4년의 기간에 걸쳐 세계 일주 탐사 항해를 하면서, 오늘날 미국과 캐나다의 서부에 해당하는 북태평양 연안을 탐사하고 새로운 지명을 부여하여 이 지역에 크나큰 족적을 남겼을 뿐만 아니라, 영국의 영향력이 북아메리카에 확고하게 뿌리내리는 데에 큰 역할을 하였다.

1. 쿡-밴쿠버-브로튼으로 이어지는 18세기 후반 영국의 탐사 항해

영국은 발견의 항해와 식민지의 확보에 있어 다른 유럽 국가보다 후발주자였다. 1588년 스페인의 무적함대를 물리친 성과가 있었고 프랜시스 드레이크

Francis Drake처럼 세계 일주를 한 항해자도 있었지만, 17세기 초에야 영국민들이 카리브해의 섬이나 북아메리카의 대서양 연안으로 이주하여 식민지를 건설하기 시작하였다. 종교 갈등으로 인한 내란을 겪었던 영국은 17세기 후반에 들어 대서양과 접한 북미 연안에 본격적으로 식민지를 건설하였고 대서양을 가로질러 아프리카와 카리브제도를 비롯한 아메리카 지역을 잇는 노예무역으로 막대한 부를 축적하기 시작했다. 인디아 외에는 아시아 지역에서 별다른 지배권을 행사하지 못했던 영국은 중상주의를 추진하면서 자국 산업을 위한 원료 공급지 겸 상품의 판매지를 확보하려는 차원에서 아시아로 향하는 새로운 항로를 찾게 되었다. 이미 일본 등지에서 독점적인 교역권을 갖고 있던 네덜란드나 유럽 내에서부터 경쟁국이었던 프랑스보다 우위에 서기 위해 영국은 대서양과 태평양 사이를 연결하여 아시아로 향하는 새로운 길을 열어줄 북서항로the Northwest Passage를 찾는 일에 집중하였다.

18세기 후반에 추진된 영국 해군의 탐사 항해는 북서항로를 찾기 위한 시도가 주목적이었고, 아울러 이전에 발견된 오스트레일리아나 뉴질랜드를 추가적으로 탐사하고 아메리카의 서부 연안에서 새로운 식민지의 가능성을 탐색하는 목적을 지니고 있었다. 해군은 18세기 전반기에 완성된 크로노미터를 세계 일주 항해에 적극 활용하여, 항해자들의 안전을 도모하고 정확한 경도 좌표를 기입하는 성과를 올리기도 하였다. 이런 국가적 프로젝트에 필요한 인력의 배출 또한 영국 해군의 몫이었다. 몇 년간에 걸친 항해를 무사히 완수할 수 있는 능력을 지닌 인재가 꾸준히 등장했다. 배의 구조와 원거리 항해의 지식을 갖추고, 측량과 해도 작성 기술을 연마하고, 원주민과의 교섭 능력과 함께 탐사지역의 사회를 연구하는 일은 미래의 항해자들이 어린 나이부터 해군에 입대하여 장교 후보생midshipman으로 훈련을 받으면서 배양되었다.

이 시기의 가장 주목할 만한 항해자는 제임스 쿡James Cook이다. 그가 마지막 항해에서 목숨을 잃기는 했지만, 3차에 걸친 세계 일주 항해는 대단한 위업이었다. 제임스 쿡은 석탄운반선의 선원으로 일하다 뒤늦게 27세가 되던 1755년에 해군에 입대하였다. 1768년에서 1771년까지 3년에 걸친 제1차 세계 일주 항해의 목적은 1769년 금성이 태양의 자오선을 지나가는 것을 관측하는 것과 테라 오스트랄리스Terra Australis라는 남반구에 있다고 알려진 미지의 땅을 발견하는 것이었고, 여기에서 쿡이 맡았던 역할은 크지 않았다. 해군제독 존 바이런이 지휘한 탐사대는 모두 세 척의 배로 이루어져 있었고, 쿡은 제일 작은 인데버호 Endeavour를 맡았다. 하지만 2차 항해(1772~1775)와 3차 세계 일주 항해에서 쿡 함장은 총지휘관을 맡으면서, 레졸루션호와 그다음에는 디스커버리호의 함장을 겸했다. 늦은 나이에 해군에 들어와 탐사 기술과 측량, 해도 작성법을 배운 쿡 함장은 18세기 후반 영국 해군의 성장을 실증하는 인물이다. 한 사람이 일생에 한 번도 하기 어려운 세계 일주 항해를 세 번이나 완수해낸 전설적 인물로 거듭난 데에는 영국인들의 해양대국에의 염원이 그 배경으로 자리하고 있었다고 보아야 한다. 농부의 아들에서 선원으로 일하면서 두각을 나타내고 해군에서 세계 일주 항해의 위업을 이룬 쿡을 영국인들은 영국이 나아가야 할 바를 몸소 보여준 사람으로 간주하고 국가적 영웅으로 만들었다고 할 수 있다. 이 항해기의 주인공이라 할 조지 밴쿠버와 윌리엄 로버트 브로튼William Robert Broughton의 경우 해군에서 잔뼈가 굵은 사람들이며 쿡 함장으로부터 탐사 항해의 지식과 모험정신을 물려받은 충실한 계승자였다.

조지 밴쿠버는 13세에 해군에 입대하였는데, 당시에는 어린 나이에 장교 후보생으로 배를 타는 것이 해군에서는 드문 일은 아니었다. 레졸루션호를 타고 쿡 함장의 제2차 세계 일주 항해에 참여했을 때 밴쿠버는 겨우 14세였다. 1775년 3년에 걸친 항해를 마치고 돌아와, 바로 이듬해인 1776년에 다시 쿡 함장의 디스커버리호를 타고 제3차 세계 일주 항해에 동행하였고, 하와이에서 지휘자를 잃는 아픔을 겪었지만, 4년 만에 무사히 영국으로 귀환하였다. 두 차

례의 세계 일주 항해를 거치면서 밴쿠버는 배의 운항에 관한 지식뿐만 아니라 오지를 측량한 결과를 해도에 담는 과정을 배웠다. 1790년 쿡 함장과 같이 탔던 디스커버리호의 함장으로 임명되어 북아메리카로 가게 되었을 때, 밴쿠버는 자신이 체득한 모든 경험을 탐사 항해에 활용하였다. 그뿐 아니라 쿡 함장이 완수하지 못했던 북서항로 발견을 위해 1794년 알래스카까지 가는 수고를 마다하지 않았다.

밴쿠버의 탐사에 동행했던 채텀호의 지휘관 브로튼 역시 12세에 해군에 입대하여 16세에 장교후보생이 되었던 것으로 보아, 영국 해군에서는 어린 나이에 입대하여 평생을 복무하는 것이 관례화된 듯하다. 밴쿠버와 브로튼이 디스커버리호와 채텀호의 지휘관이 된 것이 각각 33세, 29세였으니 세계 일주 탐사 항해의 지휘자로서는 젊은 나이지만 해군에서 어릴 때부터 오랜 경력을 통해 충분한 역량을 쌓았다고 할 수 있고, 영국 해군으로서도 이런 탐사 항해의 전문 인력을 키워냄으로써 19세기에 막강한 힘을 가진 대국으로 성장할 수 있는 기틀을 마련한 셈이다. 브로튼은 밴쿠버와 북아메리카 대륙 연안을 탐사하면서 탐사에 필요한 장비를 다루고 측량하는 법을 익혔으며, 1793년 밴쿠버 탐사대에서 영국으로 귀환하라는 지시에 따라 멕시코를 횡단하였다. 영국에 돌아온 그는 바로 이어 프로비던스호Providence를 지휘하여 밴쿠버를 지원하라는 명령을 받았지만, 1795년 누트카에 도착했을 때, 이미 본국으로 귀환 길에 오른 밴쿠버를 만나지 못하게 되자 단독으로 탐사를 수행하기로 결정하였다. 그때까지는 미답의 지역으로 남아있던 북태평양의 아시아해역을 측량하고 북서항로를 찾아보겠다는 생각이었다. 그는 좌초한 프로비던스호 대신 보조선 프린스 윌리엄 헨리호Prince William Henry로 일본과 사할린을 탐사한 후에 1797년 10월 조선의 용당포에 기항함으로써 조선을 방문한 최초의 영국인이 되었다.

2. 누트카 회담

밴쿠버의 항해는 당시의 모든 탐사 항해자들이 그랬듯이 북아메리카 지역에서 북서항로를 발견하는 것과 영국과 스페인 간의 식민지 점유에 관한 분쟁을 해결한다는 두 가지 목적을 갖고 있었다. 항해기의 모두에서 저자는 탐사 항해의 목적을 누트카 사운드를 둘러싼 스페인과의 외교 분쟁을 해결하려는 것임을 밝히고 있다. 누트카 사운드는 현재 캐나다의 브리티시컬럼비아의 태평양 연안으로 쿡 함장의 2차 세계 일주 항해에서 누차눌스Nuu-chah-nulth 원주민들의 언어를 채록하는 등의 활동을 했던 지역이었기 때문에 이 항해에 함께 하여 누트카 지역을 잘 알고 있던 밴쿠버가 적임자로 선정되었을 가능성이 높다.

누트카 사운드 지역에는 이미 모피무역에 종사하던 영국인 존 미어스John Meares가 1788년 5월 원주민으로부터 약간의 땅을 사들여 집을 짓고 교역소로 쓰려고 했지만, 겨울 추위를 피해 하와이로 옮겨간 사이에 스페인 해군의 에스테반 호세 마르티네즈Esteban José Martínez Fernández가 이곳을 점령하고 스페인군의 요새를 세웠다. 그뿐 아니라 영국의 상선 아고노트호와 프린세스 로열호를 나포함으로써 누트카에는 위기가 조성되었다. 1790년 영국 정부는 미어스가 사들였다고 하는 땅과 집을 스페인이 돌려준다는 약속을 얻어냈지만, 실제로 그곳에 가서 스페인으로부터 문제의 땅과 건물을 넘겨받을 사람이 필요했던 것이 밴쿠버 일행이 파견된 상황이었다.

회담의 스페인측 대표인 콰드라 사령관은 마르티네즈가 누트카에 왔을 때 미어스의 집은 없었고, 나포된 영국 배에도 호의적으로 대했다는 진술을 언급하면서, 스페인은 아무런 배상의 책임이 없다고 주장하였지만, 양국의 평화를 위해 스페인군이 만든 집과 사무실, 정원을 영국에 이양하겠다는 의사를 밝혔다. 밴쿠버는 국왕의 지시와는 맞지 않는 협정이라 생각하고 해군성 위원회의 결정을 기대하며 그간의 회담의 상황과 측량 자료, 항해일지를 본국으로 보냈다. 회담이 결렬된 와중에도 밴쿠버는 항해의 또 다른 목적인 북아메리카 해안의 탐사를 계속하였고, 뉴앨비언에 위치한 스페인의 선교시설을 둘러보기도 하였다. 1794년 초 누트카 분쟁은 영국과 스페인 양국이 공식적으로 누트카에서 철수하고, 문제의 건물을 허물기로 결의함으로써 일단락되었다.

3. 북서아메리카 연안의 탐사

오늘날 밴쿠버 일행의 항해가 주목받는 이유는 북아메리카의 태평양 연안을 탐사하고 지도화했기 때문이다. 갓 독립한 미국이 프랑스로부터 루이지애나 지역을 사들인 것이 1803년이었으므로, 아직 캘리포니아를 비롯한 태평양 연안은 미국이 관심을 가질 만한 지역이 아니었다. 남아메리카를 장악하고 북쪽으로 올라오고 있던 스페인과 중국에 수출할 모피를 구하기 위해 이 지역의 원주민과 교역을 시도한 영국이나 미국 상인들의 이해관계가 충돌하던 와중에도, 영국은 해도 제작을 위해 이 지역에서 본격적인 측량과 탐사를 시도하였다. 밴쿠버 일행이 탐사한 곳은 뉴앨비언으로 알려졌던 캘리포니아 북부로 현재 미국 워싱턴주에 해당하는 지역과 퓨젯 사운드와 밴쿠버섬을 중심으로 한 현재 캐나다의 브리티시컬럼비아, 그리고 알래스카로 나누어볼 수 있다. 북서 아메리카 지역을 계속 탐사하고 지도를 제작한 것 자체가 지역에 대한 영국의 소유권을 공고히 하는 일로 간주되었기 때문에 이후 이 지역에서 스페인이나 러시아의 영향력은 배제되었다. 밴쿠버 일행이 탐사한 지역의 일부는 브리티시컬럼비아로 오랫동안 영국령으로 남아있었고, 이들이 붙인 지명은 오늘날까지 그 이름을 대부분 유지해오고 있다. 『북태평양과 세계로의 발견의 항해 이야기 혹은 일기』에서 이 지역의 탐사 과정이 가장 많은 분량을 차지하는 것을 보더라도 밴쿠버 일행이 이 지역에 얼마나 많은 공을 들였는지 짐작할 수 있다.

쿡 함장의 세 번째 세계 일주 항해는 북서항로를 찾는 것이 주목적이었다. 쿡은 1778년 8월 하와이를 출발하여 북아메리카를 따라 북쪽으로 항해하여 북위 70° 44′에 있는 웨인라이트Wainwright 오늘날의 알래스카주 노스 슬로프버러에 있는 도시까지 올라가서 베링해협에 이르렀지만 얼음에 가로막혀 탐사를 중단했다. 쿡의 사망 이후 제임스 킹 함장의 지휘하에 레졸루션호는 같은 항로를 다시 항해했지만 역시 베링해협에서 멈추었다. 이 배에 동승했던 밴쿠버로서는 자신이 지휘하는 탐사 항해에서 반드시 북서항로를 찾아내겠다는 결심을 했을 것이다. 실제로 현재 브리티시컬럼비아로 알려진 캐나다의 서쪽 지역에서 그는 컬럼비아강 유역을 샅샅이 조사하면서 연결통로의 가능성을 탐색하였고, 알래스카까지 올라가서 북서항로가 없음을 확인하고 그의 탐사를 종결지었다.

4. 태평양 원주민과의 교류

항해기에서 흥미를 끄는 부분은 태평양에 위치한 여러 섬의 원주민들과의 교류이다. 유럽인의 세계 일주 항해기에는 원주민과의 조우에 대한 에피소드뿐만 아니라 원주민을 어떻게 대해야 하는지, 외모에 대한 골상학적 진단부터 사회의 구조와 문화와 관습 등, 새로운 동식물의 종을 발견하듯이 어떤 것들을 관찰해야 하는지와 어떤 정보를 얻어야 하는지에 대한 상세한 지침이 같이 실려 있기도 했다. 앞으로 그 섬을 방문하게 될 항해자들에게 정보를 제공하는 것 외에도, 과학적 관심에 덧붙여 새로운 인종에 대한 호기심으로 심지어는 표본을 채집하듯이 항해자들이 원주민을 배에 태워 유럽으로 데려오는 일도 종종 있었다고 알려져 있다. 항해기에서 이런 이국적인 원주민과 문화를 소개하는 부분은 학자들과 일반 독자 모두에게 흥미를 자아냈을 것이지만, 다른 한편으로는 총기와 대포를 소유한 유럽인들의 우세를 확인하는 계기를 제공하기도 했다.

오랜 기간 바다에서 지내는 대양항해에서 섬에 상륙하여 물과 식량을 조달하는 일은 필수이고, 이들의 항로 가까이에 위치한 태평양의 몇몇 섬에서 오래전부터 유럽인들과 단순한 생필품 교역 이상의 교류가 이루어지고 있었음을 이 항해기에서도 확인할 수 있다. 밴쿠버가 쿡 함장을 수행했던 이전의 항해에서 만난 적이 있던 오타헤이트(타히티)의 지도자들을 다시 만나 기뻐하는 장면이나 마호우의 장례식에 참여하는 모습은 이들이 원주민의 지배계층과 상당한 친분을 쌓았음을 보여준다. 특히 밴쿠버 일행은 당시 샌드위치제도로 알려진 하와이를 세 번이나 방문하였다. 그리고 다른 항해자들이 원주민들이 원하는 총기를 교역의 대상품목으로 제공했고, 그 결과 원주민 사회 내에서 또는 유럽인들과의 불화가 일어났다는 사실을 언급하면서, 밴쿠버 함장은 차라리 총을 교역에 내놓지 않겠다는 의지를 표명하는 것은 그의 성품을 짐작하게 해주는 대목이다. 하지만 유럽인과의 접촉을 통해 원주민 사회가 변화를 겪게 되었으며, 항해자들이 이런 변화의 과정에 직접 관여했음이 항해기의 기록에 나오기도 한다. 일례로 하와이에서 경쟁 관계에 있던 두 족장 티안나와 타마마하(카메하메하로 더 잘 알려져 있다)의 대립과 타마마하가 왕으로 세력을 키워가는 과정에서 한시적이기는 하지만 타마마하가 영국 국왕에게 하와이를 양도하는 장면도 들어있다. 하와이인들의 정치적 변모가 쿡 함장의 세계 일주 항해 시절부터 지켜본 밴쿠버의 관점에서 서술되어 있어 흥미를 더한다.

　하지만 호전적인 원주민과의 접촉에서 불상사가 일어날 가능성은 매우 높았다. 물론 마셜 살린스Marshall Sahlins 같은 문화인류학자가 원주민의 입장에서 다른 해석을 내놓기는 했지만, 쿡 함장이 하와이에서 원주민들에게 살해되었던 사건은 가장 고전적인 사례이다. 누트카에 도착한 보급선 디덜러스호로부터 하와이에서 배의 지휘관을 비롯한 승무원들이 원주민에게 살해당했다는 소식을 듣고 밴쿠버함장은 범죄자들을 응징하겠다는 생각으로 다시 하와이로 향한다. 증인을 확보하고 사건을 재확인한 후, 원주민들과 협의를 거쳐 밴쿠버의 손이

아니라 원주민의 손에 의해 범죄자들이 처형당하는 것으로 사건은 마무리되며, 두 번째 샌드위치제도 방문의 주된 사건은 바로 원주민의 처형에 관한 내용이다. 재판에 직접 참여하지 않지만, 항의를 하고 장차 이런 일이 벌어지지 않도록 원주민 지도자들의 긴밀한 협조를 구하는 대목은 그의 외교적 수완을 보여준다고 하겠다.

5. 번역판에 부쳐

　장거리 항해가 끝나면 그동안 축적된 모든 자료와 기록은 해군성에 넘겨져 보관되고, 해도로 작성되지만, 항해기도 출판이 되어 일반인들도 항해의 내용을 알 수 있었다. 영국에서는 16세기 말부터 항해나 여행기 등 발견의 기록이 꾸준히 출판되었고 엄청난 인기를 누렸다. 쿡이나 밴쿠버의 항해기처럼 세계 일주 항해의 기록은 가보지 못한 곳에 대한 대중의 호기심을 충족시켜주는 기회가 될 뿐더러, 앞으로 그 지역에 가려는 사람들에게는 일종의 길잡이 역할을 하기 때문이었다. 『북태평양과 세계로의 발견의 항해』*A Voyage of discovery to the North Pacific Ocean and round the World*[1]는 밴쿠버가 임무를 완수하고 영국으로 귀환한 지 3년 후인 1798년에 3권의 책으로 처음 출간이 되었다. 그러나 밴쿠버가 영국으로 돌아온 이후 병을 앓고 있던 까닭에, 그가 준비하고 있던 항해기의 출판은 지연되다가 결국 밴쿠버의 사후에 빛을 보게 되었다는 사정이 있었다. 1801년에 6권으로 보완된 항해기가 다시 출판된 것을 보면, 북아메리카의 새로운 땅에 대해 일반 독자의 관심과 호응이 컸음을 보여준다. 옮긴이들이 선택한 원문은 1802년에 출판된 『북태평양과 세계로의 발견의 항해 이야기 혹은 일기』*A narrative or journal of a voyage of discovery to the North Pacific Ocean and round the world*라는

---

[1] 1798년의 항해기와 1802년 항해기의 완전한 영어제목은 참고문헌에 기재한다.

제목의 한 권으로 된 책이다. 원항해기의 인기에 힘입어 더 많은 독자들이 손쉽게 항해의 전모를 파악할 수 있도록 3권 혹은 6권짜리 원항해기를 요약, 편집한 책이라 할 수 있다. 원작과 분량에서 현저히 차이가 날 뿐 아니라, 원항해기에서는 밴쿠버 자신이 직접 일인칭 서술자로 등장하지만, 삼인칭으로 객관화되어 있어서 편집자가 원항해기를 읽고 필요한 부분을 선별했음을 알 수 있다. 1798년판이나 1801년판에 비해 정통성은 부족해보이지만, 밴쿠버뿐만 아니라 옮긴이들이 관심을 갖고 있는 브로튼이 저자로 이름이 올라 있으며, 방대한 원항해기를 굳이 한국어로 모두 옮길 필요가 있는가의 문제를 생각할 때, 1802년판도 충분히 밴쿠버와 브로튼의 항해를 소개한다는 차원에서는 손색이 없다는 결론에 이르렀다. 다만 1802년판에서 여러 인명이나 지명이 정확하게 표기되지 않음으로 인해 초래된 혼란은 1798년의 초판을 참조하여 다듬었음을 밝힌다.

1802년판의 원문이 취한, 처음부터 끝까지 분절 없이 서술하는 방식 대신, 장과 절로 구분하고 제목을 붙임으로써 독자들이 내용을 일목요연하게 훑어볼 수 있도록 배치하였다. 항해의 날짜 또한 1798년판을 대조하여 추가하였다. 당시에 출판된 대부분의 항해기가 이런 장, 절의 구분 방식을 택하고 일기 형식으로 날짜를 병기하고 있기 때문에 원항해기의 느낌을 내려 한 것이다. 1798년판과 1801년판에 실린 삽화를 가져와 수록함으로써 현장감을 불러일으키려고 하였다. 많은 세계 일주 항해에는 의사나 생물학자, 천문학자가 동승하여 과학의 발전을 도모하는 것이 관례였지만, 화가도 참여하여 이국적 풍경과 원주민들을 스케치했고 본국에 돌아온 다음 스케치에 가필하거나 채색을 하여 삽화로 항해기와 함께 출판하였다. 밴쿠버의 항해에는 전문화가가 따라가지는 않았지만, 디스커버리호의 승무원들 중에 솜씨가 있는 사람들이 풍경이나 탐사한 장소를 스케치한 것으로 알려져 있고, 이를 바탕으로 삽화가 그려졌다. 북아메리카 원주민 마을이나 디스커버리호의 모습을 확인할 수 있는 좋은 자료이다.

또한 탐사의 결과를 확인할 수 있도록 디스커버리호의 항로와 발견지의 지명을 수록하여 탐사대가 이룬 세계 일주의 위업을 조금이나마 짐작할 수 있도록 했다. 텍스트 번역 이외에 삽화를 고르고 연표를 만들고, 지도에 지명을 기록하는 작업을 해주신 김낙현 박사와 이성화 박사의 세심한 추가 작업 덕분에 책이 그 가치를 높이게 되었다. 이 자리를 빌려 감사를 표한다.

참고문헌

Broughton, William Robert. *A voyage of discovery to the North Pacific Ocean: in which the coast of Asia, from the lat. of 35° North to the lat. of 52° North, the island of Insu, (Common known under the name of the land of Jesso,) the North, South, and East coasts of Japan, the Lieuchieux and the adjacent isles, as well as the coast of Corea, have been examined and surveyed. Performed in His Majesty's Sloop Providence, and her tender, in the years 1795, 1796, 1797, 1798.* London: T. Cadell and W. Davies, 1804.
(https://iiif.lib.harvard.edu/manifests/view/drs:12329 001$1i)

_____, and Andrew David. William Robert Broughton's *Voyage of Discovery to the North Pacific 1795-1798*. Ed. Barry Gough. London: Ashgate, 2010.

The Times Concise Atlas of the World. 13th ed. London: The Times, 2016.

Tracy, Nicholas. *Who's Who in Nelson's Navy*. London: Chatham, 2006.

Vancouver, George. *A voyage of discovery to the North Pacific ocean, and round the world; in which the coast of north-west America has been carefully examined and accurately surveyed. Undertaken by His Majesty's command, principally with a view to ascertain the existence of any navigable communication between the North Pacific and North Atlantic oceans; and Performed in the years 1790, 1791, 1792, 1793, 1794, and 1795. in the Discovery sloop of war, and armed tender Chatham, under the command of Captain George Vancouver.* Vol. Ⅰ., Vol. Ⅱ., Vol. Ⅲ., London: G. G. and J. Robinson, 1798.
(https://archive.org/details/voyageofdiscover01vanc)

_____, George. *A voyage of discovery to the north Pacific Ocean, and round the world; in which the coast of north-west America has been carefully examined and accurately surveyed. Undertaken by His Majesty's command principally with a view to ascertain the existence of any navigable communication between the north Pacific and north Atlantic Oceans; and Performed in the years 1790, 1791, 1792, 1793, 1794 and 1795. In the Discovery sloop of war, and armed tender Chatham, under the command of Captain George Vancouver. Vol. Ⅰ., Vol. Ⅱ., Vol. Ⅲ., Vol. Ⅳ., Vol. Ⅴ., Vol. Ⅵ., London: John Stockdale, 1801.* (https://archive.org/details/b29350360_0001)

_____, George. & W. R. Broughton. *A narrative or journal of a voyage of discovery to the North Pacific Ocean and round the world, Performed in the years 1791, 1792, 1793, 1794 and 1795. London: J. Lee, 1802.* (https://archive.org/details/cihm_18642/page/n7/mode/2up)

김낙현·홍옥숙. 「브로튼 함장의 북태평양 탐사 항해(1795-1798)와 그 의의」. 『해항도시문화교섭학』 18권. 한국해양대학교 국제해양문제연구소. 2018. 183-204.